구두쇠 스크루지를 바꾼 자료와 그래프

초등 5·6학년 수학동화 시리즈 ❼
구두쇠 스크루지를 바꾼 자료와 그래프

1판 1쇄 발행 2025년 11월 12일

글쓴이	안선모
그린이	술작
감수	최광식, 서재희, 김명현
편집	김은희
디자인	박영정
펴낸이	이경민
펴낸곳	㈜동아엠앤비
출판등록	2014년 3월 28일(제25100-2014-000025호)
주소	(03972) 서울특별시 마포구 월드컵북로22길 21, 2층
홈페이지	www.moongchibooks.com
전화	(편집) 02-392-6901 (마케팅) 02-392-6900
팩스	02-392-6902
SNS	📘 📷 💬
전자우편	damnb0401@naver.com

ISBN 979-11-6363-995-4 (74410)
　　　979-11-6363-735-6 (세트)

※ 책 가격은 뒤표지에 있습니다.
※ 잘못된 책은 구입한 곳에서 바꿔 드립니다.
※ 이 책에 실린 사진은 위키피디아에서 제공받았습니다. 그 밖의 제공처는 별도 표기했습니다.

도서출판 뭉치는 ㈜동아엠앤비의 어린이 출판 브랜드로, 아이들의 지식을 단단하게 만들어 주고, 아이들의 창의력과 사고력을 키워 주어 우리 자녀들이 융합형 창의 사고뭉치로 성장할 수 있도록 좋은 책을 만들겠습니다.

초등 5·6학년 수학동화

2022 개정 수학 교과를 대비하는
스토리텔링 수학 교과서!

구두쇠 스크루지를 바꾼
자료와 그래프

글 안선모 · 그림 술작

자료와 그래프
평균과 백분율

〈자료의 값〉
1월 150크라운   2월 200크라운
3월 250크라운   4월 300크라운
5월 280크라운   6월 340크라운
7월 400크라운   8월 480크라운
9월 320크라운   10월 500크라운
11월 280크라운 12월 100크라운

추천의 글

과학기술의 발전으로 급격히 변화하는 시대에 우리 자녀들을 창의력과 사고력을 갖춘 아이로 키우기 위해서는 어떻게 해야 할까요?

2022년 수능부터 문과의 사회탐구영역(사탐)과 이과의 과학탐구영역(과탐)으로 구분되던 문이과 구분이 없어지고, 이 둘이 탐구영역 하나로 통합되어 최초로 시행되었습니다. 통합과목이 도입된 이유는 인문 계열 학생이 과학 교과를 소홀히 하고, 자연 계열 학생이 사회 교과를 소홀히 하는 현실을 바꾸기 위함입니다. 이에 따라 과정 중심의 평가가 이루어져 고교 수업에서 토의와 토론, 프로젝트, 탐구 등 활동 중심 수업의 중요성이 강조되고 있습니다.

이러한 문·이과 통합 교육과정에 대비하기 위해서는 통합 교육과정을 소화할 수 있도록 초등학생 때부터 통합 사고력을 키워야 합니다. 〈초등 5·6학년 수학동화〉 시리즈는 이러한 교육과정에 대비한 스토리텔링 수학동화입니다. 스토리텔링 수학동화는 수리적인 우뇌와 언어 영역인 좌뇌의 성장을 골고루 촉진시켜 학습이 이루어지는 시냅스의 연결망에 흔적을 남기고, 훗날 교과서에서 배울 때 시냅스의 연결망이 자연스레 작동을 하게 해 사고력 신장에 강력한 도구라고 할 수 있습니다.

흔히들 수학은 대단히 재미있고 매력적인 학문이라고 생각하지만, 어려운 기호와 수식들 때문에 많은 학생들이 수학을 어려워하고 심지어는 금방 포기해 버리는 경우가 많습니다. 〈초등 5·6학년 수학동화〉 시리즈는 『이상한 나라의 앨리스』, 『보물섬』, 『일리아드와 오디세이』, 『15소년 표류기』, 『로미오와 줄리엣』, 『피터 팬』, 『크리스마스 캐럴』, 『해저 2만 리』, 『톰 소여의 모험』, 『베니스의 상인』 등 널리 알려진 고전 속 주인공들이 등장하는 재미있는 스토리텔링 동화로, 이해하기 어려운 수학 문제들도 다시 살펴보게 하여 여러분을 신비한 수학의 세계로 안내할 것입니다. 호기심, 상상, 문제해결 등이 어우러지는 〈초등 5·6학년 수학동화〉 시리즈 속 주인공들의 모습은 바로 수학의 모습과 같습니다. 당장의 결과에 연연하지 말고, 아이들이 여유를 가지고 수학을 만나게 하면 어떨까요? 아이들이 수학을 즐거워하면 더 바랄 것이 없겠으나, 수학을 싫어하거나 포기하지 않는다면 성공이 아닐까요? 이를 위해 아이들이 수학을 의식하지 않고 '스토리텔링'을 통해 수학을 편하게 만나게 하는 것은 해 봄직한 시도라고 생각합니다. 이 책이 바로 그러한 시도를 합니다.

〈초등 5·6학년 수학동화〉 시리즈 속 주인공들의 다음 여행을 기다리며, 자녀와 학부모에게 수학적으로 소통할 수 있는 가교의 역할을 하길 기대하면서 이 책을 추천합니다.

신현용
한국교원대학교 수학교육과 명예교수
2012년 ICME(국제수학교육대회) 조직위원장

작가의 말

여러분은 '스크루지'라는 이름을 혹시 들어 보셨나요? 지독한 구두쇠, 고약한 구두쇠로 알고 있다고요?

예, 맞아요. 스크루지 영감은 오직 돈과 일밖에 모르는 사람이에요. 행복한 크리스마스를 즐기려는 사람들을 경멸의 눈초리로 바라보지요. 하나뿐인 조카 프레드와도 가깝게 지내지 못하고, 사무실에서 일하는 서기 밥에게도 불친절합니다.

그런 스크루지가 크리스마스이브 밤에, 동업자였던 말리의 유령을 만납니다. 온몸에 쇠사슬이 묶여 나타난 유령 말리는 스크루지에게 크리스마스의 유령들이 찾아올 거라고 말합니다.

찰스 디킨스의 원작 소설에서 스크루지는 혼자 여행을 떠납니다. 하지만 저는 독자 여러분에게 수학적 재미를 전해 드리기 위해 조카 프레드를 여행의 동반자로 설정했습니다. 이야기를 더 재미있게 만들고, 수학 문제를 도출해 해결하도록 하려는 의도였습니다.

말리가 알려 준 시간이 되자, 과거, 현재, 미래의 크리스마스 유령이 차례로 스크루지를 찾아옵니다. 스크루지는 조카와 함께 유령들을 따라 나섭니다.

과거의 유령은 가난했지만 순수했던 스크루지의 젊은 시절을 보여 줍니다. 현재의 유령은 세상 곳곳의 사람들이 얼마나 행복하게 크리스마스를 보내는지 보여 줍니다. 마지막으로 미래의 크리스마스 유령은 스크루지가 죽은 뒤의 모습을 보여 줍니다. 죽었지만 아무도 슬퍼하지 않는 삶, 그것이 바로 스크루지의 미래였습니다. 그러나 크리스마스 아침에 깨어난 스크루지는 새로운 삶을 살기로 결심하고, 이야기는 행복하게 끝납니다.

저는 여러분이 이 책의 이야기를 읽으며 가장 행복하고 가치 있는 삶이란 어떤 것인지 느끼게 되기를 바랍니다. 더불어 평균과 백분율, 여러 가지 그래프와 대응 관계, 그리고 통계의 개념에 관해 쉽고 재미있게 다가서길 기대합니다.

자, 그럼 재미있는 이야기를 따라 더 재미있는 수학의 세계로 들어가 볼까요?

동화 작가 안선모

수학 교과서에 맞는 활용법

2012년 1월 교육과학기술부는 사고력과 창의력을 키우고, 수학에 대한 흥미와 긍정적 인식을 높이기 위한 〈수학교육 선진화 방안〉을 발표했습니다. 이 수학교육 선진화 방안의 일환으로 '스토리텔링 수학'이 도입되고 2013년부터 2015년까지 순차적으로 초등학교와 중학교 교과서가 개정되었습니다. 한편 2022년 개정 수학교과 과정에서는 수와 연산, 변화와 관계, 도형과 측정, 자료와 가능성 등 4개 영역으로 통합하였습니다. 이는 초등과 중등의 연계성 강화입니다. 이 시리즈는 교과 과정 변화에도 공통적으로 성취해야 할 수학 학습 내용이 모두 들어 있습니다. 또한 여전히 개정 수학교과의 단원 시작은 스토리텔링을 통해 학생들의 호기심과 흥미를 유발합니다.

스토리텔링 수학의 핵심은 수학을 단순히 연산능력이나 공식 암기로 생각하지 않도록 이야기를 활용해 쉽고 재미있게 배운다는 것입니다. 학생들에게 실생활이나 동화의 익숙한 상황을 제시해 수학에 대해 호기심과 흥미를 유발할 뿐 아니라, 더 나아가 수학에 대한 인식을 개선하고 스스로 학습하는 동기를 부여합니다. 예를 들어 수학을 실생활에서 이야기나 과학, 음악, 미술 등의 연계 과목과 함께 접목해 설명하면서 개념을 보다 쉽게 이해하게 하는 학습법입니다.

그럼 스토리텔링 수학은 어떻게 준비해야 할까요? 전문가들은 일상에서 수학적 요소를 파악하는 것에 재미를 느낄 수 있도록 체험 활동과 독서 활동을 추천합니다.

〈초등 5·6학년 수학동화〉 시리즈는 이러한 수학교육의 변화에 맞춘 학습동화입니다. 아이들에게 익숙한 고전 속 주인공들의 이야기를 따라가다 보면 자연스럽게 학습 내용을 익히도록 구성되었고, 한 장이 끝날 때마다 앞에서 배운 내용들을 정리할 수 있습니다.

책 속 부록인 다양한 수학 이야기는 '도표를 이용해서 알아낸 빵 무게의 속임수', '위대한 수학자 가우스', '나이팅게일의 장미 도표', '자료를 한눈에 보여 주는 표와 그래프', '세상을 예측하는 자료, 통계', '막대그래프와 선그래프를 고안한 윌리엄 플레이페어' 등 생활 연계 통합교과형 수학에 부합하도록 구성되어 있습니다.

〈초등 5·6학년 수학동화〉 시리즈는 수학을 좀 더 재미있고 쉽게 배울 수 있는 최적의 수학동화 시리즈입니다. 고전 속 주인공들과 함께 신나는 모험을 떠나 보세요. 그러면 자신도 모르는 사이에 수학 개념과 문제 해결 방법을 깨닫고 수학에 흥미를 가지게 될 것입니다.

편집부

친구들을 소개할게요

스크루지

돈을 벌어 쌓아 두는 데 집착하는, 매우 인색하고 탐욕스러운 노인이에요. 사람들에게 돈을 빌려주고 높은 이자를 받는 고리대금업자로, 자신의 사무실을 운영하고 있어요. 스크루지는 크리스마스를 아주 싫어해요. 돈을 벌 수 없는 날이라고 여기기 때문이에요.

프레드

스크루지의 죽은 여동생의 아들이자, 하나뿐인 조카예요. 가난하지만 항상 긍정적인 태도로 사람들을 대해요. 스크루지가 냉담하게 대해도 프레드는 삼촌을 진심으로 아끼고 걱정해요. 크리스마스 저녁에 삼촌을 초대하는 걸 잊지 않을 만큼 다정해요.

밥

스크루지의 사무실에서 서기로 일하는 충직한 직원이에요. 매우 적은 임금을 받으며 변변한 외투도 없이 힘들게 살아가지만, 스크루지를 원망하지 않고 늘 성실하게 일해요. 가난하지만 화목한 가정을 꾸리고 있어요. 아픈 막내아들 팀이 건강해지길 바라요.

말리

7년 전에 세상을 떠난 스크루지의 동업자예요. 살아생전에는 스크루지처럼 탐욕스러웠어요. 크리스마스 전날 밤에 굵은 쇠사슬을 온몸에 칭칭 감은 유령의 모습으로 스크루지 앞에 나타나요. 그리고 세 유령을 만나게 될 거라고 예언해요.

과거의 크리스마스 유령

스크루지에게 나타난 첫 번째 유령이에요. 스크루지를 가난하지만 행복했던 그의 과거 시절로 데려가요.

현재의 크리스마스 유령

스크루지에게 나타난 두 번째 유령이에요. 밥을 비롯해 사람들이 보내는 즐거운 크리스마스 풍경을 보여 줘요.

미래의 크리스마스 유령

스크루지에게 나타난 세 번째 유령이에요. 진정으로 슬퍼하는 사람 없는 어떤 사람의 죽음을 스크루지에게 보여 줘요.

차례

추천의 글 • 4
작가의 말 • 6
수학 교과서에 맞는 활용법 • 8
친구들을 소개할게요 • 10

이야기 1
난 크리스마스가 싫어! • 14
내용 정리 : 표와 막대그래프, 평균과 자료의 값 • 36
프레드의 수학 파고들기 : 중앙값, 최빈값 • 40
역사에서 수학 읽기 : 도표를 이용해서 알아낸 빵 무게의 속임수 • 44

이야기 2
첫 번째 유령 • 46
내용 정리 : 백분율, 띠그래프와 원그래프 • 66
역사에서 수학 읽기 : 위대한 수학자 가우스 • 70

이야기 3

두 번째 유령 · 72

내용 정리 : 대응 관계를 기호로 나타내기 • 88

역사에서 수학 읽기 : 나이팅게일의 장미 도표 • 90

이야기 4

세 번째 유령 · 94

프레드의 수학 파고들기 : 가평균을 이용하여 평균 구하기, 평균으로
　　　　　　　　　　　평균 구하기 • 112

역사에서 수학 읽기 : 자료를 한눈에 보여 주는 표와 그래프 • 116

이야기 5

자선사업가가 된 스크루지 · 118

내용 정리 : 그래프와 정보, 규칙과 대응 • 139

프레드의 수학 파고들기 : 그래프의 특징 • 142

일상에서 수학 읽기 : 세상을 예측하는 자료, 통계 • 146

역사에서 수학 읽기 : 막대그래프와 선그래프를 고안한
　　　　　　　　　　윌리엄 플레이페어 • 148

이야기 1

난 크리스마스가 싫어!

📖 표와 막대그래프
　 자료와 자료의 값
　 대푯값과 평균

"메리 크리스마스!"

"사랑과 기쁨이 충만한 크리스마스 되세요!"

크리스마스가 내일로 다가왔어요. 사람들은 들뜬 얼굴로 떠들썩하게 인사를 나눴어요.

스크루지의 사무실에서 서기로 일하는 밥은 밖에서 들려오는 소리에 귀를 기울였어요. 그리고 사장인 스크루지가 듣지 못하게 아주 작은 소리로 중얼거렸어요.

"하늘에는 영광, 땅에는 축복이!"

열린 문 사이로 그런 밥의 모습을 본 스크루지는 잔뜩 인상을 구겼어요. 스크루지는 밥을 감시하려고 방의 문을 늘 활짝 열어 놓고 있었어요.

"쯧, 크리스마스이브라고 들떠 있는 모습을 보니 한심하기 그지없군. 가난뱅이 주제에 크리스마스를 챙기다니!"

밥은 사무실 입구의 작은 골방에서 일했어요. 낡은 코트를 입고 목도리까지 둘렀지만 너무 추워서 벌벌 떨었어요. 골방의 난로에는 꺼져 가는 작은 불씨만 남아 있었거든요. 하지만 밥은 석탄을 더 넣을 수 없었어요. 석탄은 스크루지 방에 있었어요. 만약 밥이 너무 추워서 석탄을 더 넣겠다고 하면, 스크루지는 당장 일을 그만두라며 사무실에서 내쫓을지도 몰라요.

밥은 집에서 자신을 기다리고 있는 가족을 떠올리며, 이깟 추위는 아무것도 아니라고 마음먹었어요.

크리스마스를 맞이하여 모두들 흥겨워하며 떠들썩했어요. 하지만 스크루지는 종일 사무실에 틀어박혀 화만 냈어요.

스크루지는 밥이 들으라는 듯 큰소리로 외쳤어요.

"크리스마스가 도대체 뭐라고 저렇게 들떠 있는 거야? 한심한 사람들 같으니라고!"

그때 스크루지의 조카 프레드가 사무실 문을 열고 들어오며 활기찬 목소리로 인사했어요.

"밥, 메리 크리스마스!"

"메리 크리스마스, 프레드!"

두 사람은 반갑게 인사를 나눴어요.

"즐거운 크리스마스예요, 삼촌!"

"흥! 허튼소리하고 있네!"

"삼촌, 크리스마스가 허튼소리라니요? 진심은 아니시죠?"

"진심이고말고. 너는 도대체 무슨 권리로, 무슨 까닭으로 그렇게 즐거운 거냐? 그러기에는 너무 가난하잖아."

"에이, 삼촌. 그렇다면 삼촌은 무슨 권리로, 무슨 까닭으로 그렇게 먹구름이세요? 도대체 무엇 때문에 얼굴을 잔뜩 찌푸리고 계시죠? 그러기에는 너무 부자시잖아요!"

순간, 스크루지는 대꾸할 말이 떠오르지 않았어요. 하지만 곧 '흥!' 하고 콧방귀를 뀌며 조카를 야단쳤어요.

"허튼소리! 난 지금 네 농담을 받아 줄 기분이 아니다."

"그러지 말고 기분 푸세요. 즐거운 크리스마스잖아요."

"계속 허튼소리구나. 이번 달 수입이 요것밖에 안 되는데 내가 즐거울 까닭이 있겠느냐?"

스크루지는 장부를 책상에 팍 소리 나게 내려놓았어요. 그 소리에 깜짝 놀란 밥이 자리에서 벌떡 일어났어요.

"즐거운 크리스마스가 밥 먹여 주냐? '즐거운 크리스마스' 어쩌고 저쩌고 떠드는 머저리들이 우글대는 세상이라니, 나는 정말 싫다."

스크루지가 장부를 들추며 신경질적으로 말했어요.

"봐라, 이번 달 수입이 고작 이 정도밖에 안 돼. 그런데 왜 꼭 크리스마스에 놀아야 하지?"

프레드가 장부를 들여다보며 말했어요.

"알겠어요. 이번 달 수입이 100크라운*인 게 불만이시군요. 하지만 100크라운이 적다고 단정할 순 없어요. 수입이 적은 달이 있으면, 또 많은 달도 있잖아요. 삼촌, 이럴 때는 평균 수입을 따져 봐야 해요."

---

* 편집 주 : Crown. 지금은 사용하지 않는 영국의 옛 화폐 단위이다.

"평균 같은 걸 따져서 뭐 해? 이번 달 수입이 이렇게 적은 게 문제지!"

스크루지의 말에 프레드가 고개를 살래살래 흔들며 말했어요.

"1월부터 12월까지 장부를 저에게 모두 보여 주세요. 삼촌이 한 달에 평균적으로 얼마나 버는지 계산해 드릴게요."

골방에서 일하던 밥이 냉큼 1년치 장부를 가져왔어요.

프레드는 밥이 건네준 장부를 보더니 단숨에 표를 그리기 시작했어요.

"보세요, 삼촌. 1월부터 12월까지 수입을 모두 적었어요. 표로 만들었으니까 비교하기 편할 거예요."

프레드의 말에 스크루지가 툴툴거렸어요.

"뭐 하러 그런 쓸데없는 짓을 하는 거냐? 쯧쯧, 네가 그런 쓸데없는 일을 하니까 여태까지 가난뱅이 신세를 못 벗어나는 거다."

"삼촌, 그러지 말고 제가 만든 이 표를 좀 보세요."

프레드는 진지한 눈빛으로 스크루지를 바라보았어요.

"삼촌이 화가 난 이유를 알았으니까, 조금이라도 도움을 드리려는 거예요. 삼촌 덕을 보려는 생각은 조금도 없어요. 그러니까 걱정하지 마시고, 어서 와서 이걸 한번 봐 주세요."

스크루지는 귀찮은 듯이, 밥은 호기심 어린 표정을 짓고 프레드가 만들어 놓은 표를 확인했어요.

◆ **스크루지의 1년 수입** (단위 : 크라운)

월	1	2	3	4	5	6	7	8	9	10	11	12
수입	150	200	250	300	280	340	400	480	320	500	280	100

밥이 눈을 반짝이며 말했어요.

"이렇게 표로 만드니까 정말 좋네요. 장부를 일일이 들춰 보지 않아도 한눈에 볼 수 있어요."

"그렇죠? 좋아요. 그러면 수입을 비교하기 더 쉽게, 이 표를 그래프로 나타내 볼게요."

◆ **스크루지의 1년 수입 [막대그래프]**

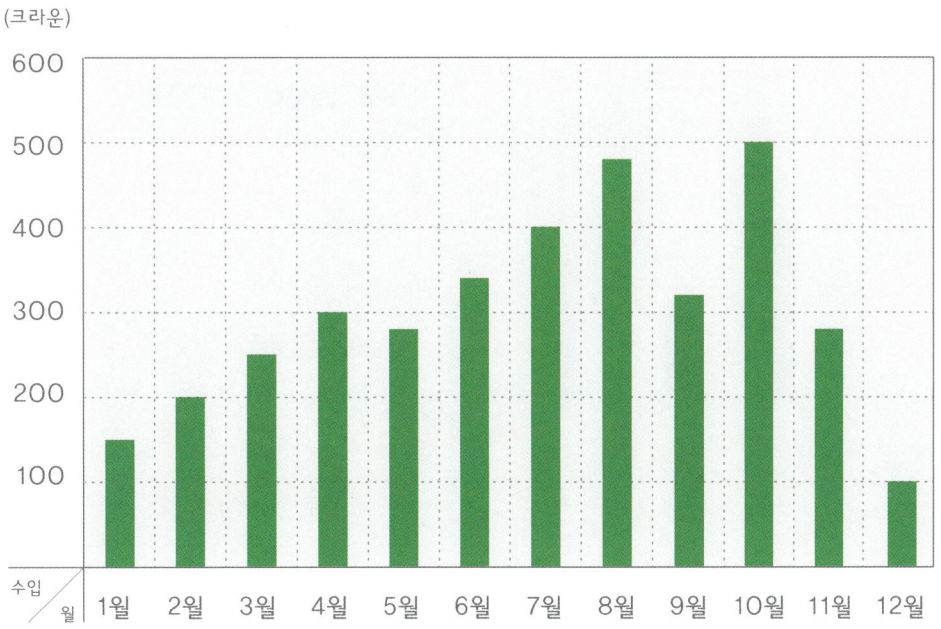

스크루지가 못마땅한 얼굴로 물었어요.

"막대기가 들쭉날쭉 그려져 있는 이건 또 뭐냐?"

"이건 막대그래프라고 해요. 막대그래프를 보면 어떤 달에 수입이 많고, 또 어떤 달에 수입이 적은지 한눈에 비교할 수 있어요."

프레드의 설명에 스크루지가 12월의 막대그래프를 가리켰어요.

"여기 봐라, 내 말이 맞지? 12월 수입이 영 형편없다고!"

TIPS 막대그래프

길이가 다른 막대(직사각형)를 사용해서 자료를 비교하는 그림을 막대그래프라고 합니다. 막대의 길이를 보면 어떤 값이 크고 작은지 쉽게 알 수 있습니다. 막대의 나열 방식에 따라 세로형과 가로형의 그래프로 만들 수 있습니다.

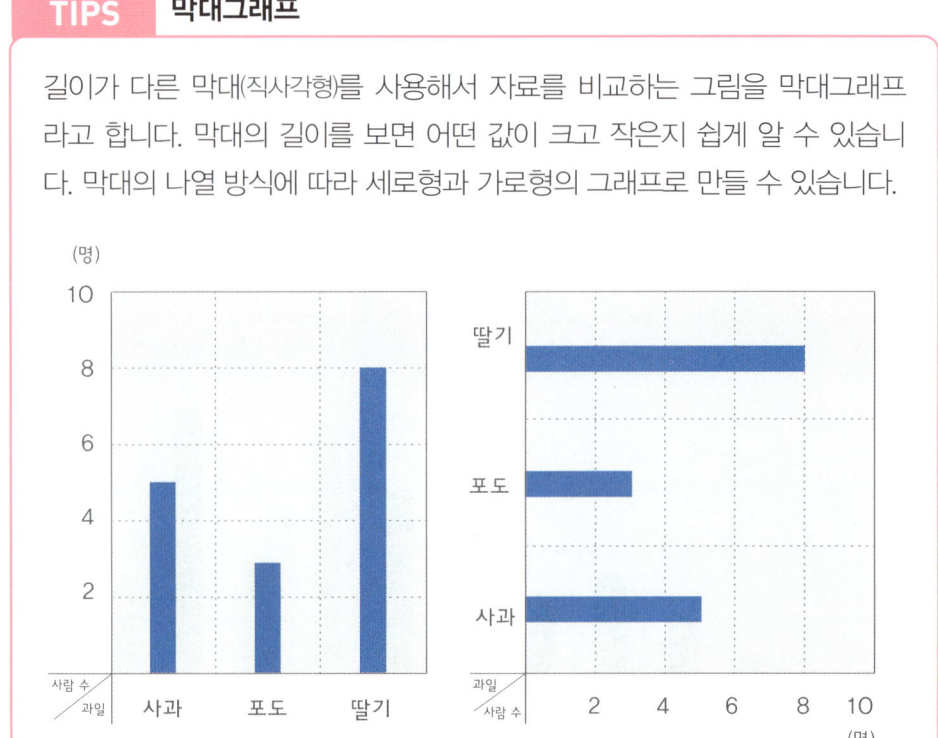

세로형 막대그래프   가로형 막대그래프

프레드가 고개를 저으며 설명을 덧붙였어요.

"삼촌은 12월 수입이 적다고 불평하시지만, 1년 내내 그런 건 아니에요. 그래서 평균을 구하는 거예요. 평균을 알면, 보통 한 달에 얼마를 버는지 알 수 있어요."

그러자 스크루지가 버럭 소리를 질렀어요.

"평균이 도대체 뭐야? 뭣 때문에 그런 복잡한 걸 내야 하냐고!"

"삼촌이 이번 달에 돈을 못 벌었다고 하시니까, 진짜 그런지 알아보려는 거예요."

프레드는 인내심을 갖고 찬찬히 설명을 이어 갔어요.

밥은 흥미롭다는 듯 눈을 반짝이며 프레드의 설명에 귀를 기울였어요.

"평균은 자료의 값을 모두 더한 뒤 자료의 수로 나누어서 구해요."

"자료의 값의 합? 자료의 수? 그걸 나눈다고?"

스크루지가 프레드에게 되물었어요.

"자세히 설명해 드릴게요. 먼저 '자료'는 우리가 알아보는 정보, 그러니까 여기서는 한 달에 번 수입이 자료예요. '자료의 값'은 그 정보를 숫자로 나타낸 거고요. 쉽게 설명하면, 무언가를 세거나, 조사하거나, 측정한 결과를 숫자로 표시한 거라고 보면 돼요. 여기 표에서 1월부터 12월까지의 수입을 크라운으로 나타낸 것, 이게 바로 자료의 값이에요."

"그럼, 이 자료를 가지고 삼촌의 올해 평균 한 달 수입이 얼마인지 계산해 볼게요. 자료의 값의 합은 1월부터 12월까지 수입을 모두 더하면 되고, 자료의 수는 12개월이니까 12가 되겠네요."

◆ 평균 구하는 방법

$$(평균) = (자료의\ 값의\ 합) \div (자료의\ 수)$$
$$= \frac{(자료의\ 값의\ 합)}{(자료의\ 수)}$$

프레드는 열심히 계산하기 시작했어요.

평균 한 달 수입

(150+200+250+300+280+340+400+480+320+500+280+100)÷12

= 3600÷12

= $\frac{3600}{12}$

= 300

"보세요. 삼촌의 올해 평균 한 달 수입은 300크라운이에요. 이건 결코 적게 번 게 아니에요."

밥이 조심스럽게 프레드의 말을 거들었어요.

"평균을 구하니까 자료를 좀 더 쉽게 알아볼 수 있네요."

"맞아요. 평균 300이라는 말은, 평균적으로 한 달에 300크라운을 번다는 뜻이에요. 이걸 '평균값'이라고 해요."

스크루지가 12월을 손으로 가리키며 퉁명스럽게 말했어요.

"대체 몇 번을 말해야 알아듣겠니? 12월 수입은 평균에 한참 못 미치잖아. 이건 크리스마스에도 반드시 일해야 한다는 소리야. 크

> **TIPS** 평균은 왜 필요할까?
>
> 여러 수가 있을 때, 그 전체를 한눈에 알아보기는 어렵습니다. 이럴 때 평균을 구하면, 전체를 대표하는 하나의 값으로 나타낼 수 있습니다. 평균은 여러 수의 합을 그 수의 개수로 나눈 값입니다.
> 평균은 여러 자료를 간단하게 정리해 주는 도구입니다. 예를 들어 시험 점수가 제각각이어도 평균을 보면 전체 수준을 알 수 있습니다.
> 평균은 서로 다른 집단을 비교할 때도 편리합니다. 운동 경기에서 선수들의 기록을 평균으로 비교하면 실력을 쉽게 알 수 있습니다.
> 이렇게 평균은 계획을 세우거나 문제를 해결할 때 기본 자료로 활용됩니다. 하지만 극단적으로 큰 값이나 작은 값이 있으면 평균이 실제 모습과 다를 수 있습니다. 평균은 자료를 이해하는 데 중요한 역할을 하지만, 항상 그대로 믿기보다는 다른 대푯값과 함께 보는 것이 좋습니다.

리스마스에 놀아 봐야 돈만 축나는 데, 왜들 못 쉬어서 안달인지, 나 원 참."

"삼촌, 그런 억지가 어디 있어요? 평균이 넘는 달도 많잖아요."

그때 사무실 문이 살짝 열렸어요. 문밖에는 추위에 코끝이 빨개진 두 꼬마가 서 있었어요.

"스크루지 할아버지를 위해 노래를 불러 드리려고요."

"난 그따위 크리스마스 캐럴 듣고 싶지 않으니 썩 꺼져라!"

스크루지가 고함쳤지만, 아이들은 이미 노래를 부르고 있었어요. 아이들의 목소리가 어찌나 맑고 청아한지 프레드와 밥은 깜짝 놀랐어요. 마치 하늘에서 내려온 천사의 목소리 같았어요.

하지만 모두가 그렇게 생각하는 건 아니었어요. 스크루지가 자를 움켜쥐고 벌떡 일어나 소리쳤어요.

"얼어 죽을 크리스마스 캐럴! 썩 꺼지지 못해?"

깜짝 놀란 아이들은 스크루지를 피해 주춤주춤 뒷걸음질했어요. 그리고 몸을 돌려 부리나케 달아났어요.

프레드는 한숨이 나왔어요. 그래도 하고 싶은 말은 꼭 해야겠다고 마음먹었어요.

"삼촌, 크리스마스 때라도 기부를 좀 하시면 어때요? 굶어 죽는 가난한 사람들이 많다고 들었어요."

"아까 찾아온 사람들과 똑같은 말을 하는구나. 게을러서 굶어 죽는 사람한테 내가 왜 돈을 써야 하지? 쓸데없이 남아도는 인구를 줄일 수 있겠구먼."

스크루지의 말에 프레드의 눈이 휘둥그레졌어요. 밥도 마찬가지였어요. 프레드는 안타까운 목소리로 말했어요.

"제가 삼촌에게 바라는 건 하나예요. 너무 일에만 매달리지 마시고, 가끔은 사람들과 함께 행복한 시간을 보내시면 좋겠어요. 저희 집 크리스마스 파티에 오시면 더 좋고요. 그럼, 안녕히 계세요. 메리 크리스마스, 삼촌!"

프레드는 사무실 문을 나서기 전, 환하게 웃으며 밥에게 다시 축하 인사를 전했어요.

"메리 크리스마스, 밥! 그리고 새해 복 많이 받으세요."

밥도 정중한 인사로 답례를 보냈어요.

그렇게 인사를 나누는 두 사람을 보며 스크루지가 중얼거렸어요.

"쯧쯧, 한심한 놈들 같으니라고. 가난뱅이 주제에 크리스마스 타령이나 하고 있고."

프레드가 가고 난 뒤, 얼마 되지 않아 밖이 어둑어둑해졌어요. 사무실의 문을 닫을 시간이 됐어요.

스크루지는 심사가 뒤틀린 표정으로 책상 위를 정리했어요. 아까부터 퇴근 시간만 기다리며 눈치만 살피던 밥이 잽싸게 촛불을 껐어요.

"자네는 내일이 크리스마스니까 하루 종일 쉬고 싶겠지?"

"사장님이 허락해 주신다면……."

"세상에 공짜는 없네. 하루 쉬니까 하루치 월급을 깎아야겠지?"

밥이 기어들어 가는 작은 목소리로 말했어요.

"크리스마스는 당연히 쉬어야 하는 1년에 단 하루뿐인 날입니다. 월급을 깎는다는 건 말이 안 된다고 생각합니다."

"흠흠, 그건 사장 마음 아닌가? 아무튼 내일은 쉬게 해 주지만, 모레 아침은 일찍 출근해야 하네."

밥은 고맙다고 고개 숙여 인사하고 서둘러 퇴근했어요.

스크루지는 그런 밥이 못마땅한 듯 툴툴댔어요.

"일주일에 15실링*으로 가족을 먹여 살리는 주제에 크리스마스 타령이라니. 프레드는 또 어떻고. 변변한 직업도 없는 주제에 뭐가 좋아 저리도 매일 싱글벙글하는지. 쯧쯧."

그때 퇴근한 밥은 낡은 목도리를 휘날리며 집으로 달려가고 있었어요. 변변한 외투 한 벌도 없었지만, 그를 따뜻하게 맞아 줄 가족을 생각하니 추위는 아무렇지 않았어요. 달리는 밥의 얼굴에 밝은 미소가 가득했어요. 아이들과 즐거운 크리스마스를 보낼 생각에 하늘로 날아오를 것 같았어요.

스크루지는 여느 때와 똑같은 시간을 보냈어요. 사무실에서 신문이란 신문을 모조리 읽었어요. 그리고 은행 통장을 뒤적이며 시간을 보내다 집으로 향했어요.

스크루지는 오래전에 하늘나라로 떠난 동료와 같이 살았던 건물에 여전히 살고 있었어요. 건물은 너무나 낡고 음산해서 이웃들은 모두 떠나고 스크루지만 남아 있었어요. 스크루지가 건물 안으로 들어서는데 프레드가 헐레벌떡 쫓아왔어요.

"네가 여기까지 무슨 일로 찾아왔느냐?"

스크루지는 프레드를 의심스러운 눈빛으로 바라보며 물었어요. 조카가 집까지 찾아온 적은 단 한 번도 없었으니까요.

* 편집 주 : Shilling. 지금은 사용하지 않는 영국의 옛 화폐 단위이다. 크라운보다 작은 단위이며, '1크라운=5실링'이다.

"삼촌은 돌아가신 어머니의 유일한 가족이잖아요. 삼촌이 혼자 크리스마스를 지내는 게 마음에 걸렸어요."

"대체 몇 번을 말해야 알겠니? 누가 뭐래도 난 크리스마스가 싫다고! 크리스마스에 아무 관심이 없다니까!"

스크루지는 역정 내면서 속으로 생각했어요.

'이 녀석, 속셈이 뭐지? 혹시 유산을 노리는 건가? 어림없는 소리!'

스크루지가 무슨 생각을 하는지 알지 못하는 프레드는 어두컴컴하고 온기 하나 없는 스크루지의 집 안을 보고 깜짝 놀랐어요.

"삼촌, 촛불을 몇 개 더 켜고, 장작도 더 넣어야겠어요."

"뭐라고? 촛불과 장작은 어디서 거저 생긴다던? 네가 그러니까 가난뱅이 신세를 못 면하는 거다."

스크루지가 안 된다고 했지만, 프레드는 못 들은 척하며 촛불을 더 켜고 벽난로에 장작도 추가했어요. 잠시 뒤에 벽난로에서 타닥타닥 불꽃이 튀어 올랐어요.

그때였어요. 어디선가 쩔그럭쩔그럭 쇠사슬 끄는 소리가 들려왔어요.

"이게 어디서 나는 소리지?"

스크루지가 고개를 두리번거렸어요.

그때 온몸에 무거운 쇠사슬을 친친 휘감은 유령이 나타났어요.

유령의 얼굴을 확인한 스크루지가 놀라 소리쳤어요.
"헉! 자네는 말리 아닌가?"

아무리 보아도 7년 전에 죽은 동업자 말리가 틀림없었어요. 길게 땋은 꽁지머리, 이마에 걸친 안경, 늘 입던 조끼와 딱 달라붙는 바지, 긴 부츠까지, 죽기 전 말리의 평소 모습과 똑같았어요.

하지만 말리는 이제 유령이었어요. 죽음의 냉기가 느껴지는 오싹한 눈과 납빛처럼 희멀건 안색, 투명한 몸을 휘감은 쇠사슬이 스크루지를 섬뜩하게 만들었어요.

"말리 아저씨, 요즘 유행하는 액세서리인가요?"

프레드는 무섭지도 않은지 말리에게 다가갔어요. 프레드는 말리의 몸에 친친 감겨 있는 쇠사슬을 신기한 듯 쳐다보았어요.

스크루지가 떨리는 목소리로 물었어요.

"자네가 여, 여기는 웬일인가?"

"천하의 고약한 영감 스크루지가 떨고 있군. 솔직히 말하지. 나는 이 쇠사슬의 무게 때문에 하늘나라에 오르지 못하고 이승을 헤매고 있네."

말리는 쇠사슬에 달린 물건들을 가리키며 말을 이어갔어요.

"이건 살아생전 내가 만든 쇠사슬이네. 자네는 나보다 7년을 더 살았으니, 쇠사슬의 종류와 길이가 더 많고 길겠지. 지난날을 반성하지 않으면 나처럼 죽어서 이승을 헤매는 형벌을 받게 될 걸세."

스크루지는 갑자기 나타나 말을 늘어놓는 말리를 믿을 수 없었어요. 그리고 떨림이 가라앉자, 지금 상황이 의심스럽게 보였어요.

말리는 스크루지가 무슨 생각을 하는지 아는 것 같았어요.

"스크루지, 자네가 정신 차리려면 아직 먼 것 같군. 잘 듣게나. 자네에게 세 유령이 찾아올 거야. 새벽 1시에 첫 번째 유령, 그다음 날 같은 시각에 두 번째 유령, 그다음 날 자정 종소리가 끝날 때쯤 세 번째 유령이 올 거야."

스크루지가 깜짝 놀라 물었어요.

"유령을 하나도 아니고 셋이나 보낸다고?"

"자네에게 기회를 주는 걸세. 나와 같은 운명을 피할 기회지. 내 말 명심하게나."

말리는 할 말을 마쳤다는 듯 창문 쪽으로 걸어가더니 그대로 사라졌어요. 스크루지는 유령이 찾아온다는 말에 몸이 떨렸어요.

"삼촌, 제가 함께 있어 드릴 테니 아무 걱정하지 마세요."

프레드가 스크루지를 안심시켰어요.

하지만 스크루지는 프레드에게 다른 속셈이 있다고 여겼어요.

'흥! 가게를 차리고 싶다고 하더니 나한테 잘 보이려고 하는군. 그렇다고 내 주머니에서 돈 한 푼 나갈 거 같아?'

속으로는 그렇게 생각했지만, 프레드가 옆에 있어 준다고 생각하니 스크루지는 조금 안심됐어요. 혼자 유령을 맞이하는 건 정말 무서운 일이니까요.

내용 정리

표와 막대그래프

◆ 스크루지의 1년 수입   (단위 : 크라운)

월	1	2	3	4	5	6	7	8	9	10	11	12
수입	150	200	250	300	280	340	400	480	320	500	280	100

표는 여러 가지 자료를 보기 쉽게 정리한 것을 말해요. 보통 가로줄과 세로줄을 이용해 자료를 나눠요. 각 줄에 항목을 적고, 칸마다 알맞은 자료를 채워요. 이렇게 하면 많은 자료도 한눈에 보기가 쉬워요.

◆ 스크루지의 1년 수입 [막대그래프]

길이가 다른 막대를 사용해서 자료를 비교하는 도표를 막대그래프라고 해요.

평균과 자료의 값

평균은 자료의 값을 모두 더한 뒤에 자료의 수로 나누어 구해요.

$$(평균) = (자료의\ 값의\ 합) \div (자료의\ 수)$$
$$= \frac{(자료의\ 값의\ 합)}{(자료의\ 수)}$$

'자료'는 우리가 알아보는 정보, '자료의 값'은 그 정보를 숫자로 나타낸 것을 말해요. 쉽게 설명하면, 무언가를 세거나, 조사하거나, 측정한 결과를 숫자로 표시한 걸 자료의 값이라고 해요.

예를 들어, 프레드는 삼촌 스크루지가 1월부터 12월까지 1년 동안 벌어들인 월수입을 자료로, 월수입을 크라운으로 나타낸 자료의 값을 이용해 스크루지의 1년간 평균 한 달 수입을 구했어요. 1월부터 12월까지 크라운을 모두 더한 자료의 값의 합을, 자료의 수인 12개월의 12로 나누었어요.

◆ 스크루지의 1년 평균 한 달 수입 (단위 : 크라운)

$$(150+200+250+300+280+340+400+480+320+500+280+100) \div 12 = \frac{3600}{12} = 300$$

평균 300이라는 말은, 1년 동안 동안 평균적으로 한 달에 300크라운을 벌었다는 뜻이에요. 이때 300크라운을 '평균값'이라고 해요. 그리고 자료에서 '대푯값'으로 비교의 기준으로 활용하기도 해요. 앞에서 스크루지가 12월 수입 100크라운이 평균 300크라운보다 적다며 크리스마스에 쉬면 안 된다고 주장한 이유예요.

평균이 대푯값으로 어떻게 비교의 기준이 되는지 좀 더 설명해 볼게요.
예를 들어 볼게요. 서로 타자 속도가 빠르다고 주장하는 서후와 기준이 있어요. 말만으로는 누가 더 빠른지 알 수 없어요. 그래서 두 사람의 타자 속도를 비교해 보기로 했어요. 다음은 서후와 기준의 타자 속도를 정리한 표예요. 1분 동안 두 사람의 타자 속도를 4회에 걸쳐 기록했어요.

◆ 서후의 타자 속도 (글자 수/분)

횟수	1	2	3	4
타자 속도	179	184	206	239

◆ 기준의 타자 속도 (글자 수/분)

횟수	1	2	3	4
타자 속도	190	190	201	211

표만 봐서는 누가 더 빠른지 알 수 없어요. 이럴 때 평균을 구해요. 그리고 타자 속도의 대푯값으로 정하면 누가 보통 더 빠른지 비교할 수 있어요.

◆ **서후의 평균 타자 속도** (글자 수/분)

$$(179 + 184 + 206 + 239) \div 4 = 808 \div 4 = \frac{808}{4} = 202$$

◆ **기준의 평균 타자 속도** (글자 수/분)

$$(190 + 190 + 201 + 211) \div 4 = 792 \div 4 = \frac{792}{4} = 198$$

평균 타자 속도에서 서후는 202, 기준은 198이에요. 평균값을 대푯값으로 놓고 비교하면 서후가 보통 더 빠르다는 것을 알 수 있어요.

하지만 무조건 서후의 타자 속도가 빠르다고 할 수는 없어요. 표를 보면 기준이 서후보다 빠를 때도 있어요. 두 아이의 타자 속도는 칠 때마다 달라요. 다만 전반적인 수준을 알고 싶을 때는 평균값을 이용해요. 평균을 대푯값으로 정하면 자료를 이해하는 데 도움이 돼요.

> 프레드의 수학 파고들기

중앙값

전체를 대표하는 대푯값으로 사용하는 수는 평균값 외에 중앙값과 최빈값이 있어요.

중앙값은 순서대로 줄 세웠을 때 **'가운데 있는 값'**을 말해요. 예를 들어 볼게요. 서로 다른 빵집에서 7개의 바게트를 샀어요. 사 온 바게트의 무게를 작은 것부터 큰 것까지 순서대로 정리해요.

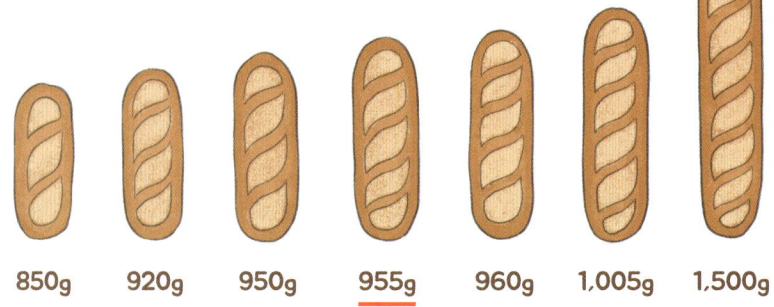

7개 중 가운데인 네 번째 바게트의 955g이 바로 중앙값이에요.

7개 바게트의 대푯값은 평균값보다 중앙값이 적합해요. 이유는 일곱 번째 바게트의 무게 때문이에요. 먼저 바게트의 평균 무게를 구하면, (7140÷7)=1,020(g)이에요. 일곱 번째 바게트는 1,500g으로 평균값과 큰 차이가 있어요. 이렇게 극단적으로 큰 값 또는 작은 값이 있을 때는 대푯값으로 중앙값이 더 적합해요.

최빈값

　최빈값은 자료에서 '**가장 자주 나오는 값**'이에요. 쉽게 설명하면, 가장 많이 나온 수를 가리켜요.

　최빈값이 대푯값으로 적합할 때가 있어요. 예를 들어 사람들이 좋아하는 케이크가 어떤 것인지 알고 싶은 경우예요.

조각 케이크	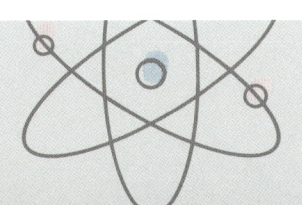 딸기	 초콜릿	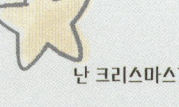 생크림
팔린 개수	9	7	4

　위의 표는 한 제과점에서 파는 조각 케이크와 팔린 개수를 정리한 거예요. 가장 많이 팔린 조각 케이크는 딸기예요. 딸기가 초콜릿과 생크림보다 많이 팔렸어요. 그래서 최빈값은 9고, 사람들이 좋아하는 조각 케이크의 대푯값이 돼요.

　그러면 평균값, 중앙값, 최빈값에 따라 대푯값에 어떤 차이가 있을까요? 같은 반 11명 아이들의 키에 대한 자료의 값을 이용해서 서로 비교해 볼게요.

먼저 평균값을 구해 볼게요. 평균은 11명 아이 모두의 키를 더한 뒤, 11로 나누면 돼요.

◆ 키 평균값 (cm)

(150＋142＋160＋155＋137＋140＋155＋152＋155＋170＋145)
÷11＝1661÷11＝151(cm)

다음은 중앙값이에요. 중앙값을 알기 위해서는 먼저 작은 키에서 큰 키로, 키 순서대로 나열해야 해요.

◆ 키 중앙값 (cm)

11명 중 가운데는 여섯 번째 레니예요. 그래서 키의 중앙값은 152cm예요. 마지막으로 최빈값을 구할게요. 최빈값은 가장 자주 나오는 키의 값을 찾으면 돼요.

◆ 키 최빈값 (cm)

155cm 키를 가진 아이가 세 명이에요. 나머지 아이들의 키는 같은 값이 없어요. 따라서 키의 최빈값은 155cm예요.

역사에서 수학 읽기

도표를 이용해서 알아낸 빵 무게의 속임수

19세기 프랑스의 수학자 앙리 푸앵카레(1854~1912)는 수학과 과학에서 큰 업적을 남긴 인물이에요. 푸앵카레는 빵 무게의 속임수를 알아낸 이야기에 자주 등장해요.

이야기에 따르면, 푸앵카레는 날마다 동네 빵집에 들러 빵을 샀어요. 빵집 주인은 푸앵카레에게 빵 한 개의 무게가 1kg이라고 했어요. 어느 날 푸앵카레는 빵의 무게가 1kg보다 가볍다는 의심이 들었어요. 그래서 직접 조사해 보기로 했어요.

그날부터 푸앵카레는 빵을 살 때마다 무게를 쟀어요. 푸앵카레는 1년 동안 산 빵의 무게를 기록했어요. 그리고 빵의 무게별로 수량을 정리한 뒤 도표까지 만들었어요. 그 결과 빵의 평균 무게가 950g이라는 것을 알아냈지요. 푸앵카레는 이 자료와 도표를 증거로 경찰에 알렸고, 빵집 주인은 벌금을 내게 되었다고 해요.

이 이야기가 실제로 일어난 일인지는 알 수 없어요. 역사적으로 기록된 사건은 아니에요. 다만 자료를 모으고 평균을 이용해 문제를 해결할 수 있다는 통계의 힘을 설명할 때 자주 소개되는 이야기예요.

💡 푸앵카레의 빵 무게 도표

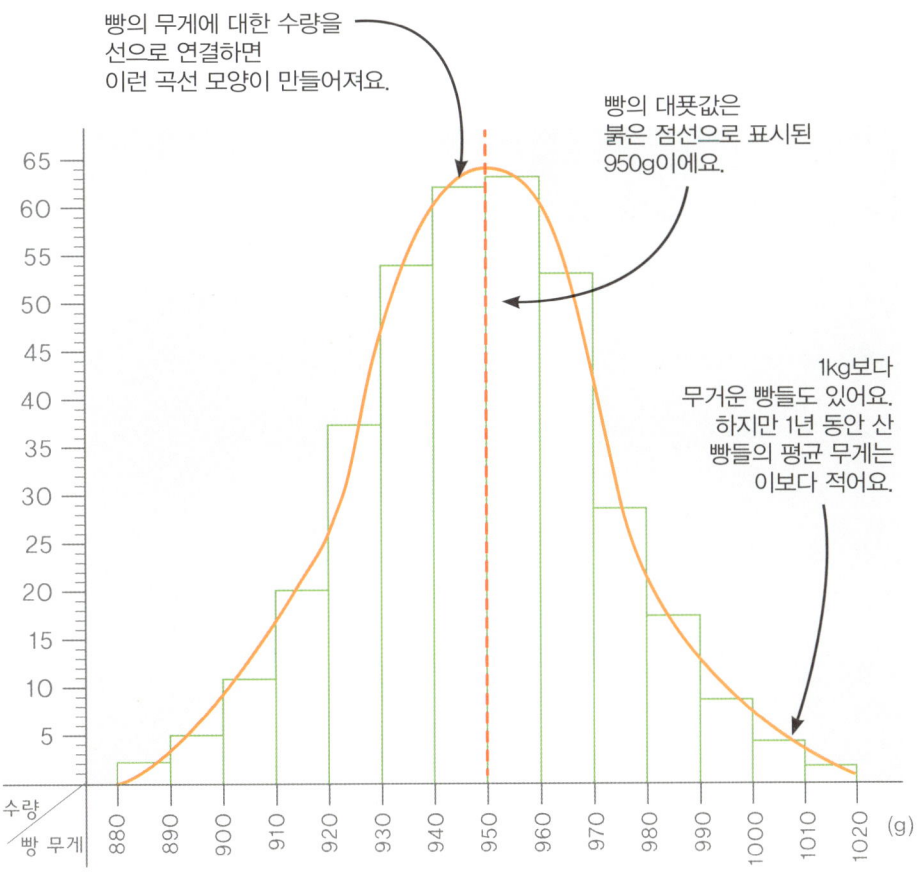

이야기 2

첫 번째 유령

📖 **백분율**
띠그래프와 원그래프

스크루지는 침대에 누워 눈을 감았지만 잠을 못 이루고 뒤척거렸어요. 1시에 유령이 나타날 거라는 말리의 예언 때문이었어요. 소파에 누운 프레드는 어느새 잠이 들었는지 코까지 드르렁드르렁 골았어요.

스크루지는 조카가 한심했어요.

'저 녀석은 뭐가 저렇게 태평한 건지 모르겠어. 주머니에 든 것도 없으면서 말이야. 내가 이래서 가난뱅이들을 싫어하는 거야.'

댕!

1시를 알리는 시계 종소리가 울렸어요. 잔뜩 긴장한 스크루지는 주위를 두리번두리번 살폈어요.

그때였어요. 갑자기 작은 손이 침대 커튼을 확 젖히더니, 한 번도 본 적 없는 기괴한 유령이 모습을 나타냈어요.

유령은 어린아이처럼 작은 체구에 볼은 발그레했어요. 정수리에서는 환한 빛이 촛불처럼 뿜어져 나왔어요. 손에는 싱싱한 초록 호랑가시나무 가지를 들고 있었어요. 또 새하얀 튜닉 위에 아름답게 번쩍이는 허리띠를 둘렀어요. 그런데 신기하게도 빛이 바뀔 때마다 유령의 모습도 달라졌어요.

"으악! 내 평생에 저런 괴이한 모습은 처음이야. 프레드, 프레드, 얼른 일어나거라."

겁에 질린 스크루지는 침대에서 일어나 프레드에게 달려갔어요.

두 눈을 비비며 일어난 프레드는 첫 번째 유령을 발견하고 신기한 듯 가까이 다가갔어요. 프레드는 유령을 머리 위에서 발끝까지 찬찬히 살펴보았어요.

"안녕하세요, 유령님. 초면에 실례지만, 정말 신기해서요. 머리 위에서 빛이 나고, 모습도 시시각각 변하시네요. 와! 방금 다리가 두 개였다가 스무 개로 바뀌었어요."

프레드가 다정하게 인사하자, 유령은 빙그레 미소를 지었어요.

정신을 차린 스크루지가 근엄한 목소리로 물었어요.

"당신이 오늘 온다는 그 유령입니까?"

"그래, 나는 과거의 크리스마스 유령이다."

기괴한 생김새와 달리 유령의 목소리는 봄바람처럼 부드러웠어요.

"과거라고요? 누구의 과거입니까?"

"몰라서 묻느냐? 바로 스크루지, 너의 과거다."

유령의 대답에, 스크루지가 콧방귀를 뀌었어요.

"흥! 시간이 남아도나 보군요. 할 일이 그렇게 없습니까? 대체 왜 여기까지 온 겁니까?"

"널 위해서다, 스크루지. 널 인간으로 거듭나게 해 주려고."

"이미 인간인데, 어떻게 거듭나게 합니까? 진짜 시간 낭비로군요. 그냥 돌아가는 게 좋겠습니다."

스크루지의 귀찮아하는 말투에, 유령은 단호하게 말했어요.

"정녕 네가 인간이라고 생각하는가? 그거야말로 정말 심각한 일이다. 두말하지 말고 어서 가자!"

유령의 얼굴이 험악해졌어요. 스크루지는 덜컥 겁이 났어요. 그래서 얼른 유령의 옷자락을 잡고 사정했어요.

"지금 밖은 영하의 날씨입니다. 한겨울 새벽에 이대로 나갔다가는 틀림없이 얼어 죽을 겁니다."

"아무 걱정하지 말거라. 내 손을 잡고 있으면 어떤 곳이라도 편안하고 안전하게 갈 수 있다."

유령의 얼굴이 순식간에 순하게 바뀌었어요.

모습이 바뀌는 과거의 유령을 마냥 신기하게 바라보던 있던 프레드가 유령을 향해 앞으로 한 발 나서며 말했어요.

"저는 유령님을 믿고 따라가겠어요."

"안 돼! 이 유령을 믿어선 안 돼!"

깜짝 놀란 스크루지가 프레드의 팔을 붙잡았어요.

두 사람의 실랑이와 상관없이, 유령은 조용히 두 사람의 팔 위에 손을 얹었어요. 그 순간 유령을 따라 두 사람의 몸이 둥실 떠올랐어요.

스크루지가 정신 차리고 보니, 발아래 도시가 보였다가 눈 깜짝할 사이에 사라졌어요. 그리고 눈을 한 번 깜박이자, 어느새 한 시골 마을에 도착해 있었어요.

스크루지는 낯익은 풍경에 깜짝 놀랐어요.

"여긴 내 고향이야. 내가 어릴 때 살던 곳."

스크루지의 말에 프레드가 기쁜 표정을 지었어요.

"그러면 삼촌과 어머니가 함께 자란 곳이네요. 어쩌면 이곳에서 어린 시절의 어머니를 만날 수도 있겠어요."

신이 난 프레드는 주위를 두리번거렸어요.

스크루지도 마을을 훑어보았어요. 마을 어귀의 작은 교회, 굽이쳐 흐르는 강과 다리. 모두 눈에 익숙한 풍경이었어요.

그때 다리 위로 소년 몇몇이 조랑말을 타고 지나갔어요.

"난 저 애가 누군지 알아!"

스크루지가 손을 들어 아는 척을 하려고 하자 유령이 말했어요.

"지금 우리 눈에 보이는 것은 모두 과거의 환영일 뿐이다. 저들 눈에는 우리가 안 보인다."

스크루지는 왠지 섭섭한 마음이 들었어요.

장소가 다시 바뀌었어요. 큰길에서 한참 떨어진 곳에 검붉은 벽돌집이 보였어요.

"저기는…… 우리 집이야."

스크루지가 떨리는 목소리로 말했어요. 잊고 지냈던 고향집이 눈앞에 나타나자 가슴이 벅차올랐어요.

벽돌집은 유리창이 깨져 있었고, 잡초도 무성했어요. 스크루지와 프레드는 유령을 따라 벽을 통과해 집 안으로 들어갔어요.

복도를 지나 한 방으로 들어가니, 왜소해 보이는 한 어린아이가 책을 읽고 있었어요. 어린아이를 보자마자, 스크루지의 가슴이 쿵쿵 뛰었어요. 그는 바로 어린 시절의 스크루지였어요.

"삼촌은 친구들과 어울리지 않았나요? 한창 놀 나이인데 혼자서 책을 읽고 있네요. 아, 외로워 보이는 얼굴이에요."

프레드의 말에 스크루지의 얼굴이 붉어졌어요. 다른 아이들과 잘 어울리지 못했던 어린 시절이 또렷하게 떠올랐어요.

어린 스크루지는 책장을 넘기며 혼잣말로 중얼거렸어요.

"나는 책이 있어서 행복해. 알리바바도 만나고, 로빈슨 크루소도 만날 수 있어."

스크루지는 책을 읽고 있는 어린 스크루지를 뚫어지게 바라보았어요. 그러자 낮에 사무실에 찾아와 크리스마스 캐럴을 부르던 아이들이 떠올랐어요.

'내가 왜 그랬을까? 그 아이들에게 좀 더 따뜻하게 대해 줄걸.'

스크루지는 후회했어요.

"다른 크리스마스를 보러 가지!"

유령의 말이 끝나자마자, 장면이 순식간에 바뀌었어요. 책에 빠져 있던 어린 스크루지도 사라졌어요. 대신 훌쩍 자란 키에 소년 모습의 스크루지가 나타났어요.

소년 스크루지가 있는 방 안은 더 어둡고 지저분했어요. 천장 나뭇가지가 드러나 휑했고, 가구도 더 낡아 보였어요.

그때 문이 열리고 한 소녀가 뛰어 들어왔어요.

"오빠, 집에 가자."

"팬, 집이라고 했어? 정말이야? 아버지가 집으로 와도 된다고 하셨어?"

"당연하지! 아버지가 빨리 가서 오빠를 데려오라고 했어. 이번 크리스마스는 가족이 모두 모여 행복한 시간을 보내는 거야. 이제 다시는 여기 올 필요 없어!"

소녀는 깔깔거리며 손뼉을 치더니 소년 스크루지를 꼭 끌어안았어요.

어머니의 어린 시절 모습을 본 프레드는 눈물을 글썽거렸어요. 돌아가신 어머니가 생각났어요. 그러자 마음이 몽글몽글 부드럽고 따뜻해졌어요.

"나의 어머니! 어머니는 어릴 때부터 마음이 따뜻한 분이셨네요. 좀 더 오래 사셨으면 좋았을 텐데……."

스크루지도 여동생을 떠올렸어요. 동그랗고 큰 눈을 가진 팬은 아주 귀여운 소녀였어요. 다정하고 명랑해서 가족 모두의 사랑을 받았어요.

'그때는 크리스마스를 싫어하지 않았어. 가족과 함께 보낸 크리스마스는 언제나 즐거웠지.'

스크루지는 행복했던 크리스마스의 추억이 생각났어요.

장면이 또 바뀌었어요. 유령과 스크루지, 프레드는 번화한 큰길에 서 있었어요. 거리는 지나다니는 사람들로 북적북적했어요. 마차가 지나가고, 상점마다 크리스마스 장식이 반짝거렸어요.

"이곳이 어디인지 알겠나?"

유령이 한 가게 앞에 멈춰 서며 스크루지에게 물었어요.

"알다마다요. 제가 처음 일을 배운 곳입니다."

프레드가 앞장서서 가게 안으로 들어갔어요. 가발을 쓴 노신사가 높다란 의자에 걸터앉아 있었어요. 그를 발견한 스크루지는 감격했어요.

"아아, 페치윅 사장님. 내게 일을 가르쳐 주신 고마운 분!"

벽에 걸린 시계가 오후 일곱 시를 가리키자, 페치윅이 큰소리로 외쳤어요.

"에비니저! 딕!"

페치윅이 부르는 소리에 두 청년이 뛰어왔어요. 그중 한 명은 청년 모습의 스크루지였어요.

스크루지가 남은 청년을 가리키며 반갑게 말했어요.

"딕 윌킨스. 나를 무척이나 따랐던 녀석이었지."

"오늘은 크리스마스이브 아닌가? 이쯤에서 마무리해야지. 자, 어서 가서 가게 문을 닫으라고. 어서!"

페치윅의 말에 두 청년은 바람처럼 빠르게 움직였어요.

잠시 뒤, 한 저택에 음식이 차려지고, 바이올린을 든 악사가 연주할 준비를 마치고 무대에 올랐어요. 파티가 시작된 거예요.

페치윅이 호탕하게 웃으며 소리쳤어요.

"오늘은 내가 한턱낼 테니 마음껏 먹고, 마시고, 즐기도록 합시다! 메리 크리스마스!"

파티에는 페치윅의 세 딸과 그들을 졸졸 쫓아다니는 여섯 명의 청년도 참석했어요. 이어서 집에서 일하는 젊은 하녀와 하인, 요리사, 빵 장수, 우유 배달부까지 사람들이 삼삼오오 몰려들어 파티장은 금세 북적였어요.

"와. 정말 많은 사람이 모였네요. 한 명, 두 명…… 모두 오십 명이에요."

프레드는 파티에 참석한 사람들이 몇 명인지 세어 보았어요.

그 모습을 보던 스크루지가 조카에게 물었어요.

"프레드, 너는 음식점을 하고 싶다고 했지?"

"삼촌이 그 말을 기억하고 계실 줄은 정말 몰랐어요. 저, 지금 감동했어요."

프레드가 감격하자, 스크루지는 쑥스러운 듯 딴청을 피우며 말했어요.

"파티에 온 사람들의 입맛을 조사해 보면 네게 여러모로 도움이 될 거다."

"삼촌, 자료를 수집해 보란 거죠?"

프레드가 알겠다는 듯 고개를 끄덕였어요. 하지만 어떻게 조사해야 할지 난감했어요. 직접 물어볼 수 없었으니까요.

그때 신기한 일이 일어났어요. 프레드의 마음을 어떻게 알았는지 청년 스크루지가 파티장에 모인 한 명 한 명에게 다가가 음식에 관한 질문을 던졌어요.

"만약 오늘 나온 음식 중에서 하나의 음식만 먹어야 한다면 어떤 음식을 고르실 건가요?"

"이 맛있는 음식 중에서 어떻게 하나만 고를 수 있지?"

"나는 전부 먹고 싶은데?"

몇몇 사람들이 곤란하다는 듯 대답했어요.

"그래서 '만약'이라는 단서를 붙인 거예요. 가장 먹고 싶은 음식 접시 앞에 이 나뭇가지를 놓아 주시면 돼요."

청년 스크루지는 사람들에게 작은 나뭇가지를 한 개씩 나눠 줬어요.

TIPS **자료 수집과 정보 활용**

우리가 일상에서 흔히 듣는 말 중에 '데이터'라는 것이 있습니다. '데이터'는 영어이고, 우리말로는 '자료'라고 합니다.

자료는 어떤 것을 연구하거나 조사할 때 꼭 필요한 기초입니다. 자료의 형태는 수, 글자, 그림, 사진, 영상 등 다양합니다.

예를 들어, 반 친구들이 가장 좋아하는 과자를 조사해 볼 수 있습니다. 친구들이 대답한 내용을 모은 것이 바로 자료입니다. 그냥 자료만 있으면 알아보기 어렵습니다. 하지만 자료를 모으고 정리하면 더 쉽게 활용할 수 있습니다. 이렇게 정리된 자료를 우리는 '정보'라고 부릅니다.

정보는 우리 생활에 큰 도움이 됩니다. 예를 들어, 과자 조사를 정리하면 어떤 과자가 가장 인기가 많은지 알 수 있습니다. 그 결과를 보고 가게에서는 어떤 과자를 더 많이 팔아야 할지 정할 수 있습니다.

회사는 물건을 만들 때 사람들이 원하는 것이 무엇인지 정보를 통해 알아냅니다. 정부도 국민이 무엇을 필요로 하는지 정보를 통해 알 수 있습니다. 이처럼 자료는 정보를 만드는 재료이고, 정보는 문제를 해결하는 데 필요한 도구입니다. 자료를 잘 활용하면 우리 생활을 더 편리하고 풍요롭게 만들 수 있습니다.

사람들은 웅성웅성 떠들다가 음식을 하나씩 고르기 시작했어요. 잠시 뒤 음식 접시 앞에 작은 나뭇가지들이 쌓였어요.

음식 선택을 마친 사람들은 흥겨운 음악에 맞춰 춤을 추었어요. 큰 원을 만들기도 하고, 빙글빙글 제자리를 돌며 즐거워했어요.

사람들이 춤을 즐기는 동안, 프레드는 신이 나서 표를 만들었어요.

◆ **파티에 온 사람들이 가장 먹고 싶은 음식**

가장 먹고 싶은 음식	케이크	포도 주스	로스트 비프	칠면조 구이	민스파이	보리 음료	합계
사람 수 (명)	7	9	10	6	15	3	50
백분율 (%)							

스크루지도 사람들의 선택이 궁금했는지 프레드가 만든 표를 들여다보았어요.

"그런데 여기 빈칸은 뭐냐? 백분율?"

스크루지의 질문에 프레드가 기쁜 듯 웃으며 설명했어요.

"백분율은 기준량을 100으로 할 때 비교하는 양의 비율을 말해요. 쉽게 설명하면, 전체를 100으로 나누어서 각 부분이 차지하는 크기를 퍼센트(%) 기호로 나타내는 거예요."

◆ **백분율(%)을 구하는 방법**

$$(백분율) = (비교하는 양) \div (기준량) \times 100 = \frac{(비교하는 양)}{(기준양)} \times 100$$

$$= (부분) \div (전체) \times 100 = \frac{(부분)}{(전체)} \times 100$$

"그걸 왜 구하지?"

"수집한 자료를 정리하려고요. 음식에 대한 사람들의 취향을 백분율로 확인하는 거예요. 그렇게 하면 정보로 활용할 수 있어요."

케이크	포도 주스	로스트비프
$\frac{7}{50} \times 100 = 14\%$	$\frac{9}{50} \times 100 = 18\%$	$\frac{10}{50} \times 100 = 20\%$

프레드는 여섯 개 음식의 백분율을 모두 구한 뒤, 미리 만들어 두었던 표의 빈칸에 값을 적어 넣었어요.

◆ 파티에 온 사람들이 가장 먹고 싶은 음식

가장 먹고 싶은 음식	케이크	포도 주스	로스트 비프	칠면조 구이	민스파이	보리 음료	합계
사람 수 (명)	7	9	10	6	15	3	50
백분율 (%)	14	18	20	12	30	6	100

칠면조구이

$$\frac{6}{50} \times 100 = 12\%$$

민스파이

$$\frac{15}{50} \times 100 = 30\%$$

보리 음료

$$\frac{3}{50} \times 100 = 6\%$$

표를 완성한 프레드는 그래프를 그리기 시작했어요.

스크루지는 고개를 갸웃했어요. 프레드가 그린 그래프는 월수입을 보여 주기 위해 만들었던 막대그래프가 아니었어요.

"이건 또 무슨 그래프냐?"

"이건 띠그래프예요. 전체에 대한 각 부분의 비율을 띠 모양으로 나타낸 거예요. 표에서 케이크를 먹겠다고 선택한 사람들의 비율은 14%잖아요. 이렇게 띠에서 14에 해당하는 크기만큼 위에서 아래로 선을 긋고 '케이크(14%)'라고 적으면 돼요. 나머지 음식들도 마찬가지예요. 그렇게 하면 띠그래프가 완성돼요."

◆ **파티에 온 사람들이 가장 먹고 싶은 음식 [띠그래프]**

| 케이크 (14%) | 포도 주스 (18%) | 로스트비프 (20%) | 칠면조 구이 (12%) | 민스파이 (30%) | 보리 음료 (6%) |

스크루지가 띠그래프를 보며 고개를 끄덕이자, 신이 난 프레드는 새로운 그래프를 그리기 시작했어요.

"음? 동그라미는 왜 그리느냐?"

"원그래프를 그리려고요. 전체에 대한 각 부분의 비율을 이렇게 원 모양으로도 나타낼 수 있어요. 방법은 띠그래프와 비슷해요."

◆ 파티에 온 사람들이 가장 먹고 싶은 음식 [원그래프]

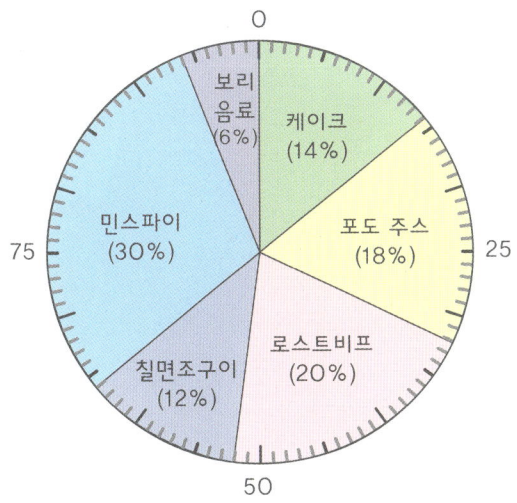

"보세요, 숫자보다 그림으로 보여 주니까 비교하기 더 쉽죠?"
"그래, 이걸 보니 돈을 벌려면 민스파이 장사를 해야겠구나."
 스크루지가 두 그래프를 가리키며 프레드에게 말했어요.
 프레드도 삼촌에게 자기 의견을 밝혔어요. 두 사람은 도란도란 대화를 이어갔어요.
 파티는 한밤중이 지나서야 끝이 났어요. 페치윅 부부는 돌아가는 손님들에게 일일이 악수를 청하며 크리스마스 인사를 건넸어요.
 청년 스크루지와 딕도 페치윅에게 감사 인사를 전했어요.
"사장님, 크리스마스를 즐겁게 보낼 수 있게 해 주셔서 감사합니다."
 유령이 두 청년을 가리키며 스크루지에게 말했어요.

"참, 별것 아닌 일로 감격해하는군. 그렇지 않나?"
"별것 아니라니요?"
스크루지가 화가 난 듯 되물었어요.
"페치윅은 그대들을 위해 고작 몇 파운드를 썼을 뿐이다. 그게 입에 침이 마를 만큼 후한 칭찬을 받을 일인가?"
유령이 비웃으며 말했어요.
"그건 돈으로 따질 일이 아닙니다."
스크루지는 어느새 과거의 순수한 청년으로 돌아가 있었어요.
"페치윅 사장님은 늘 우리를 위해 마음을 써 주셨습니다. 돈을 얼마나 썼는지는 중요한 게 아닙니다. 그때 제가 느낀 행복은 그 무엇과도 바꿀 수 없습니다."
스크루지는 대답하고 씁쓸하게 웃었어요.
유령이 물었어요.
"뭐가 잘못되었나? 왜 그런 얼굴을 하고 있지?"
"제 사무실에서 일하는 서기 밥이 생각나서요. 그 친구에게 따뜻한 말 한마디를 건네지 못한 게 후회됩니다."
스크루지가 대답하는 사이, 유령은 또 장소를 바꾸었어요. 이번에는 잠자리에 들 준비를 마친 청년 스크루지가 보였어요.
잠시 뒤에 잠든 청년 스크루지를 바라보며, 스크루지의 눈이 스륵 감겼어요.

내용 정리

백분율

백분율은 기준량을 100으로 할 때 비교하는 양의 비율을 말해요. 쉽게 설명하면, 전체를 100으로 나누어서 각 부분이 차지하는 크기를 퍼센트(%) 기호로 나타내는 거예요.

◆ **백분율(%) 구하는 방법**

$$(백분율) = (비교하는\ 양) \div (기준량) \times 100 = \frac{(비교하는\ 양)}{(기준양)} \times 100$$

$$= (부분) \div (전체) \times 100 = \frac{(부분)}{(전체)} \times 100$$

파티에 온 사람들이 가장 먹고 싶어 하는 음식을 자료로 하여 백분율을 구해 볼게요. 파티에 참석한 사람은 총 50명이고, 한 사람당 1개의 음식을 선택했어요. 음식은 케이크, 포도 주스, 로스트비프, 칠면조구이, 민스파이, 보리 음료까지 총 6개예요.

◆ 파티에 온 사람들이 가장 먹고 싶은 음식

가장 먹고 싶은 음식	케이크	포도 주스	로스트 비프	칠면조 구이	민스파이	보리 음료	합계
사람 수 (명)	7	9	10	6	15	3	50

◆ 음식 백분율(%) 구하기

케이크
$\dfrac{7}{50} \times 100 = 14\%$

포도 주스
$\dfrac{9}{50} \times 100 = 18\%$

로스트비프
$\dfrac{10}{50} \times 100 = 20\%$

칠면조구이
$\dfrac{6}{50} \times 100 = 12\%$

민스파이
$\dfrac{15}{50} \times 100 = 30\%$

보리 음료
$\dfrac{3}{50} \times 100 = 6\%$

띠그래프와 원그래프

전체에서 각 부분이 차지하는 크기(비율)를 그림으로 나타낸 것을 '**비율 그래프**'라고 해요. 숫자보다 그림으로 보여 주면 더 쉽게 비교할 수 있어요. 또 서로의 비율을 비교하기도 편리해요. 비율 그래프에는 대표적으로 띠그래프와 원그래프가 있어요.

띠그래프 : 전체에 대한 각 부분의 비율을 띠 모양으로 나타내요.
원그래프 : 전체에 대한 각 부분의 비율을 원 모양으로 나타내요.

띠그래프와 원그래프를 만들려면, 전체에서 차지하는 각 부분의 비율을 알아야 해요. 그래서 먼저 백분율을 구해요.

◆ 파티에 온 사람들이 가장 먹고 싶은 음식

가장 먹고 싶은 음식	케이크	포도 주스	로스트 비프	칠면조 구이	민스파이	보리 음료	합계
사람 수 (명)	7	9	10	6	15	3	50
백분율 (%)	14	18	20	12	30	6	100

◆ 파티에 온 사람들이 가장 먹고 싶은 음식 [띠그래프]

| 케이크 (14%) | 포도 주스 (18%) | 로스트비프 (20%) | 칠면조 구이 (12%) | 민스파이 (30%) | 보리 음료 (6%) |

◆ 파티에 온 사람들이 가장 먹고 싶은 음식 [원그래프]

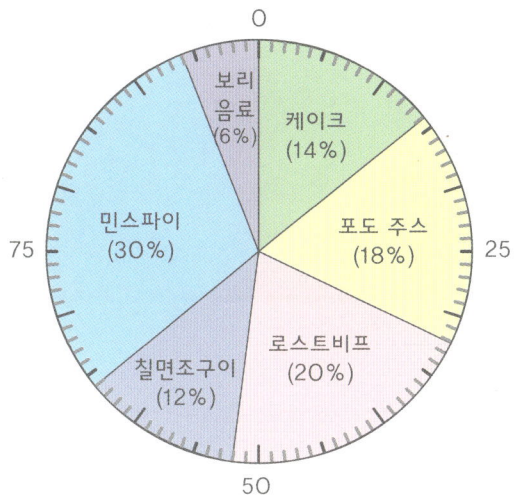

그래프를 보면, 전체에서 민스파이가 차지하는 조각이 가장 크다는 것을 알 수 있어요. 따라서 6개의 음식 중 사람들이 가장 먹고 싶은 것은 민스파이예요.

띠그래프와 원그래프는 우리 주변에서 많이 볼 수 있어요. 텔레비전 뉴스나 신문, 인터넷 기사 등에서 자주 활용해요.

역사에서 수학 읽기

위대한 수학자 가우스

독일의 수학자 카를 프리드리히 가우스(1777~1855)는 자료의 분포에 관심이 많았어요.

가우스는 자료가 대체로 정규 분포(가우스 분포)를 이루고 있다는 걸 발견했어요. 이 말은 자료의 모든 값을 그래프로 표시했을 때, 좌우가 대칭인 종 모양이 된다는 뜻이에요. 이런 모양을 '가우스 곡선' 또는 '종형 곡선'이라고 해요. 곡선을 보면 통계적 표본에서 값들이 어떻게 분포되어 있는지를 알 수 있어요.

💡 반 친구들의 키를 표시한 가우스 곡선

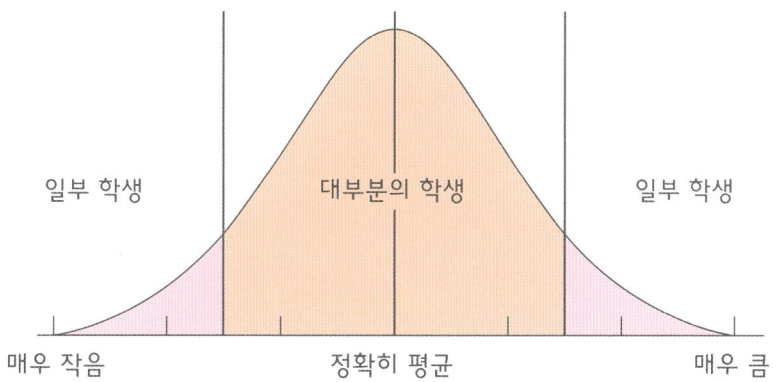

반 친구들의 키를 표시한 위 그림의 곡선을 보세요. 반 친구들의 키가 어떻게 퍼져 있는지를 알 수 있을 거예요.

정규 분포에서는 많은 값이 그래프의 가운데에 모여 있어요. 그래프의 한가운데 있는 값을 '산술 평균'이라고 해요. 그래프를 보면 알 수 있듯이 평균에서 멀어질수록 분포는 줄어들어요.

가우스는 어떤 값에서 평균까지의 거리를 '평균 오차'라고 불렀어요. 이 용어는 나중에 '표준 편차'라는 말로 바뀌어요. 표준 편차가 작을수록 자료는 평균 근처에 몰려 있고, 클수록 흩어져 있어요.

가우스는 십 대 시절에 눈금 없는 자와 컴퍼스만으로 정십칠각형을 그리는 방법도 알아냈어요.

이야기 3

두 번째 유령

📖 규칙과 대응

스크루지는 드르렁드르렁 코 고는 소리에 눈을 떴어요. 소파에서 자고 있는 프레드의 코 고는 소리가 얼마나 큰지 스크루지는 몇 번이나 잠을 깼어요.

"저 녀석은 고민도 없나? 이 상황에서 혼자 잘도 자는군."

평소에도 스크루지는 가난하면서도 늘 웃고 다니는 조카를 한심하게 여겼어요. 그런데 곰곰이 생각해 보니, 자신은 돈이 많아도 행복하지 않았어요. 프레드처럼 밤에 단잠을 잔 게 언제였는지 모르겠어요. 낮에 깨어 있을 때는 대개 화를 냈거나 투덜거렸어요.

그때 방문 밖에서 스크루지를 부르는 목소리가 들렸어요.

"스크루지, 일어났으면 어서 나오게."

방문을 열고 나가자, 스크루지 눈앞에 놀라운 광경이 펼쳐졌어요. 거실 천장에 닿을락 말락 한 거대한 몸집의 유령이 벽난로 근처 의자에 앉아 있었어요.

"나는 현재의 크리스마스 유령이다. 나를 똑바로 보아라."

유령의 목소리는 큰 덩치만큼 우렁차고 호탕했어요.

스크루지는 유령의 말대로 고개를 들고 유령을 바라봤어요. 유령은 헐렁한 초록색 망토를 걸치고 주름진 자락 아래로 맨발이 드러나 있었어요. 머리에는 호랑가시나무 관을 쓰고 있었어요. 긴 갈색 곱슬머리, 맑고 빛나는 눈동자, 친절한 표정, 어디선가 본 듯한 낯익은 얼굴이었어요.

"산타클로스가 아니세요? 아무리 봐도 유령은 아닌 것 같아요."

언제 깨어났는지, 프레드가 들뜬 목소리로 말했어요.

"유령 맞네. 난 현재의 크리스마스 유령일세."

유령이 의자에서 일어서며 반박했어요.

"정말요? 그렇다면, 유령이라는 증거를 보여 주세요."

프레드가 의심스럽다는 듯 쳐다보자, 유령이 말했어요.

"좋다. 둘 다 이리 와서 내 옷자락을 잡아 보아라."

스크루지와 프레드는 유령에게 다가가 초록색 망토 자락을 살며시 잡았어요. 그러자 곧바로 주변이 바뀌었어요. 두 사람은 크리스마스 아침을 맞은 도시의 거리 한복판에 서 있었어요.

사람들은 골목과 지붕에 쌓인 눈을 치우며 노래를 흥얼거렸어요. 동네 아이들은 신나게 눈사람을 만들며 재잘거렸어요. 거리에서 보이는 사람들의 얼굴에는 행복한 미소가 가득했어요.

뎅그렁! 교회 종소리가 거리에 울려 퍼지고, 집마다 잘 차려입은 사람들이 쏟아져 나와 교회와 성당으로 향했어요.

유령은 스크루지와 프레드를 도시 근교로 데려가더니 한 허름한 집을 가리키며 말했어요.

"들어가 보아라."

스크루지와 프레드는 집에 들어서자마자, 익숙한 얼굴을 발견했어요. 바로 스크루지의 사무실에서 서기로 일하는 밥이었어요.

"팀을 수술시키려면 우리에게는 돈이 필요해요."

밥의 아내가 크리스마스 음식을 준비하며 말했어요.

밥의 얼굴에는 그늘이 드리웠어요.

"그 큰돈을 어디서 구할까요? 우리 주변에 그런 큰돈을 빌려줄 사람이 있을까요?"

아들 피터가 부모님의 대화에 끼어들었어요.

"아버지, 스크루지 영감님에게 말해 보는 건 어때요? 소문을 들으니까 스크루지 영감님이 이 마을 제일 부자라면서요."

밥은 고개를 절레절레 흔들었어요.

"이자 때문에 겁이 나는구나. 사장님의 이자 계산법은 고약하기로 소문났지. 하루 지날 때마다 이자가 붙어서 나중에는 원금의 몇 배 아니 몇십 배를 물어내야 할지도 모른단다."

피터가 물었어요.

"아버지는 그분의 사무실에서 지난 10년 동안 성실히 일한 직원이잖아요. 그런데도 고약한 이자를 받으실까요?"

밥이 씁쓸한 미소를 지었어요.

"모르는 소리. 스크루지 사장님은 하나밖에 없는 조카에게도 단돈 한 푼 공짜로 내줄 분이 아니야."

"와! 정말 대단한 분이네요. 그 많은 돈을 하늘나라에 가져가실까요? 그렇다면 엄청 무겁겠어요."

피터의 농담에 밥이 웃으며 말했어요.

"나는 말이야, 스크루지 사장님이 살아 계실 때 그 돈으로 좀 행복하길 바란단다."

밥은 뭔가 생각났는지, 자리에서 일어나 책상으로 걸어갔어요.

"이왕 말 나온 김에 우리 함께 이자를 계산해 볼까? 조만간 너도 일을 하게 될 테니, 틈틈이 계산 연습을 해 두면 도움이 될 거다."

밥이 먼저 종이에 원금 10파운드를 적었어요.

"스크루지 사장님의 이자 계산법은 무조건 하루에 원금의 1할을 이자로 내야 해. 1할은 10%를 말하니까 원금에 0.1을 곱하면 돼."

"10파운드를 빌린다면, 다음 날에는 원금 10파운드와 이자 1파운드를 내야 하는 거네요."

피터는 차근차근 종이에 적어 나갔어요.

원금 10파운드

1일째 : $10 + (10 \times 0.1) = 11$파운드

2일째 : $11 + (10 \times 0.1) = 12$파운드

3일째 : $12 + (10 \times 0.1) = 13$파운드

4일째 : $13 + (10 \times 0.1) = 14$파운드

"하루에 1파운드씩 이자가 늘어나면, 10일째에는 원금의 두 배를 갚아야겠네요."

피터가 중얼거리자, 밥이 깜짝 놀랐어요.

"피터, 계산이 정말 빠르구나!"

"종이에 적다 보니까 날짜와 갚아야 할 돈 사이에 일정한 규칙이 보였어요. 그래서 둘의 대응 관계를 나타내는 식을 만들었고, 거기에 10일을 대입하니까 답이 나오더라고요."

피터는 밥에게 종이를 내밀며 자신이 만든 표를 보여 줬어요.

날짜(일)	1	2	3	4	⋯
갚을 돈(파운드)	11	12	13	14	⋯

"둘 사이의 규칙은 10이에요. 날짜를 ○, 갚을 돈을 □라고 하면,

$$○+10=□$$
$$□-10=○$$

이런 식이 만들어져요. 10일째 되는 날에 갚을 돈(□)을 구하려면 ○ 자리에 10을 넣으면 돼요."

$$10+10=20$$

"보세요, 20파운드예요. 식을 사용하니까 금방 답이 나오잖아요."
피터의 말에 밥은 활짝 웃었어요. 아들에게 계산을 가르치려고 했는데, 이제 보니 그럴 필요가 없을 것 같았어요.

> **TIPS** ○, △, □, ☆ 기호 이용하기
>
> 수나 도형에서 대응 관계를 나타내는 식을 만들 때, 기호를 사용하면 훨씬 간결하게 표현할 수 있습니다.
> 예를 들어, 한 상자에 5개씩 묶인 과자가 들어 있습니다. 상자 안에 있는 과자의 개수를 구하는 식을 만들어 봅니다.
>
> $$5 \times (묶음의\ 수) = (과자의\ 개수)$$
>
> 묶음의 수는 ○, 과자의 개수는 △라고 기호로 표시해 봅니다. 위 식에 기호를 적용하면, 보기가 훨씬 간단해집니다.
>
> $$5 \times ○ = △$$
>
> 만약 세 묶음이라면, $5 \times 3 = 15$(개), 네 묶음이면 $5 \times 4 = 20$(개) 등 묶음의 수를 알면 상자 안에 있는 과자의 개수를 구할 수 있습니다.

밥과 피터가 계산하는 걸 지켜보고 있던 프레드가 인상을 잔뜩 찌푸렸어요.

"삼촌, 저렇게 이자를 많이 받다니요, 너무 하세요!"

조카의 비난에 스크루지의 얼굴이 조금 빨개졌어요.

"저 정도면 양반이지. 나는 그래도 말리보다 이자를 덜 받고 있단 말이다."

"말리 아저씨는 이자를 어떻게 받았는데요?"

"1일째에 11파운드를 갚는 건 같단다. 원금 10파운드에 이자 1할을 내야 하니까. 하지만 2일째부터는 갚을 돈이 달라지지. 말리의 이자 계산법은 나와 다르기 때문이야."

스크루지는 말리의 이자 계산 방식을 종이에 자세히 적은 뒤 프레드에게 보여 줬어요.

원금 10파운드

1일째 : $10 + (10 \times 0.1) = 11$파운드

2일째 : $11 + (11 \times 0.1) = 12.1$파운드

3일째 : $12.1 + (12.1 \times 0.1) = 13.31$파운드

4일째 : $13.31 + (13.31 \times 0.1) = 14.641$파운드

"이걸 보아라. 말리가 나보다 돈을 더 많이 받았지 않았느냐."
프레드는 어이가 없었어요.

"무슨 계산법이 그래요? 하루마다 이자를 붙이다니요. 가난한 사람들을 돕기는커녕 삼촌은 어떻게 그런 식으로 돈을 벌 수 있어요?"

스크루지는 부끄러운 마음에 아무런 반박도 하지 못했어요. 게다가 마음에 걸리는 게 있었어요. 스크루지는 아까 현관에서 밥에게 힘없이 기댄 채 안겨 있던 팀을 봤어요. 다리가 아픈지 한쪽 발에 보철을 달고 있었어요. 현관문 옆에는 팀이 사용하는 것으로 보이는 목발도 놓여 있었어요.

TIPS 단리와 복리

이자를 계산하는 방법에는 크게 단리와 복리 두 가지가 있습니다. 두 방법은 차이가 있습니다. 단리는 원금에만 이자를 계산하고, 복리는 원금에 불어난 이자까지 더해서 계산합니다. 단리와 복리가 무엇이 다른지 총 이자를 비교해 보겠습니다.

원금	1000원
연 이자율	10%
기간	3년

단리 계산 : 원금에만 이자 계산

· 매년 이자 : 1000 × 0.1＝100원
· 총 이자 : 100 × 3＝300원

복리 계산 : 해마다 계산(원금＋누적 이자 계산)

· 1년 이자 : 1000 × 0.1＝100원
· 2년 이자 : (1000＋100)×0.1＝110원
· 3년 이자 : (1000＋100＋110) × 0.1＝121원
· 총 이자 : 100＋110＋121＝331원

두 번째 유령

"유령님, 아까 그 아이, 팀은 괜찮을까요?"

스크루지는 왠지 모르게 팀에게 마음이 쓰였어요.

"현재의 유령인 나에게 미래를 묻는 것이냐? 흠, 식탁에는 빈자리 하나, 난롯가에는 주인 없는 목발이 놓여 있을지도 모르지."

"안 돼요, 안 됩니다! 자비로운 유령님, 제발 저 아이가 죽지 않을 거라고 말해 주세요."

"나는 현재를 보여 줄 뿐, 미래를 바꿀 힘은 없다. 게다가 어차피 죽을 목숨이라면, 지금 죽는 것도 나쁘지 않겠지. 쓸데없이 남아도는 인구도 줄일 수 있고 말이야."

스크루지는 너무 놀랐어요. 유령이 한 말은 낮에 사무실에서 자신이 한 말과 똑같았어요. 크리스마스를 맞아 스크루지의 사무실에는 기부금을 부탁하려는 두 신사가 찾아왔었어요. 두 신사는 굶어 죽는 사람들을 위해 스크루지에게 기부를 부탁했지만, 스크루지는 유령이 내뱉은 말을 하며 두 신사를 쫓아냈어요. 기부금을 얘기한 프레드에게도 같은 말을 했었어요.

"네가 감정을 가진 인간이라면, 소중한 생명을 쓸데없이 남아도는 인구에 빗대어 말해서는 안 된다. 하느님께서는 모든 인간은 평등하다고 말씀하셨다."

유령의 말에 스크루지는 부끄럽고 창피해서 고개를 들지 못했어요.

그때 스크루지의 이름을 외치는 소리가 들려왔어요.

"스크루지 사장님을 위하여!"

밥이 스크루지를 위해 크리스마스 축배를 외쳤어요.

"돈밖에 모르는 스크루지 영감을 위해 축배를 들다니요. 난 그렇게 하고 싶지 않아요."

밥의 아내는 불쾌감을 감추지 않았어요.

"여보, 오늘은 크리스마스잖아요. 가엾은 스크루지 사장님을 위해서 우리 함께 축배를 들자고요."

"내 생각이 짧았어요. 스크루지 영감님이야말로 이 세상에서 가장 가엾은 분이죠."

밥을 따라 가족 모두가 잔을 들고 외쳤어요.

"스크루지 사장님을 위하여!"

"스크루지 영감님을 위하여!"

밥네 집에는 밤늦도록 웃음소리가 끊이지 않았어요.

스크루지는 밝은 표정의 팀을 안타까운 눈길로 바라봤어요.

'저렇게 잘 웃는 아이가 곧 죽는다니……. 돈만 있으면 살릴 수 있을 텐데…….'

스크루지는 너무 괴로웠어요. 나이를 먹은 뒤로 누군가를 위해 스크루지가 괴로워한 적은 한 번도 없었어요. 참 이상한 일이에요.

프레드가 스크루지를 바라보며 속으로 말했어요.

'삼촌이 변하고 있어.'

어두워진 밤거리에 눈이 펑펑 쏟아졌어요. 거리는 사람들의 물결로 발 디딜 틈이 없었어요. 사람들은 환하게 웃으며 크리스마스 인사를 나누었어요.

스크루지와 프레드, 그리고 유령은 다시 길을 떠났어요. 유령이 수많은 집을 드나드는 동안, 그 집에 있던 사람들은 모두 행복해졌어요. 유령이 다가가면 침상에 누운 환자의 얼굴에 생기가 돌았고, 고통에 괴로워하던 사람은 안식을 누렸어요. 가난한 자의 마음은 풍요로워졌어요. 유령은 병원, 빈민 구제소, 감옥 같은 소외된 곳을 찾아가 축복의 기운을 불어넣었어요.

그런 유령을 곁에서 지켜보며 스크루지는 깊은 감동을 받았어요. 그리고 뒤늦은 후회로 괴로웠어요.

'아아, 내가 그동안 잘못 살았구나!'

그러는 동안 유령은 머리카락이 희끗희끗해지며 점점 늙어갔어요. 어디선가 교회 종소리가 들려오고 세찬 바람이 불어왔어요.

"삼촌, 유령이 사라졌어요!"

프레드의 말에 스크루지는 깜짝 놀라 사방을 두리번거렸어요. 방금까지 함께 있던 유령이 흔적도 없이 사라졌어요.

곧 12시를 알리는 시계의 첫 번째 종소리가 울렸어요. 스크루지는 말리의 예언을 떠올렸어요.

"이제 세 번째 유령을 만나겠구나."

내용 정리

대응 관계를 기호로 나타내기

수나 도형에서 일정한 규칙이 있으면, 그 대응 관계를 식으로 나타낼 수 있어요. 이때 기호를 사용하면 식을 간결하게 만들 수 있어요.

피터가 만든 스크루지에게 갚을 돈의 계산에 관한 대응 관계를 식으로 나타내 볼게요.

◆ 스크루지에게 갚을 돈

날짜(일)	1	2	3	4	…
갚을 돈(파운드)	11	12	13	14	…

◆ 스크루지의 계산식

둘 사이의 규칙은 10이에요. 날짜를 ○, 갚을 돈을 □라고 하면,

$$○+10=□$$
$$□-10=○$$

10일째 되는 날에 갚을 돈을 구하려면, 식에 10을 넣으면 돼요.

$$○+10=10+10=20$$

규칙에 따른 대응 관계를 기호로 나타내 보는 연습을 해 볼게요.

예를 들어, 한 사람이 축구공을 두 번씩 차기로 했어요. 사람의 수와 축구공 차는 횟수 사이를 정리하면 다음의 표가 만들어져요.

사람 수(명)	1	2	3	4	5	…
축구공 차는 횟수	2	4	6	8	10	…

둘 사이에는 일정한 규칙(×2)이 있고, 규칙의 대응 관계를 식으로 만들 수 있어요.

$$(사람 수) \times 2 = (축구공 차는 횟수)$$

이제 기호를 정해요.

사람의 수	◆
축구공 차는 횟수	★

그리고 기호를 적용하면, 식을 간결하게 나타낼 수 있어요.

$$◆ \times 2 = ★$$

역사에서 수학 읽기

나이팅게일의
장미 도표

1853년부터 1856년까지 영국, 프랑스, 사르데냐, 오스만 제국은 러시아 제국을 상대로 전쟁했어요. 흑해 연안의 크림반도에서 벌어진 전쟁이라 '크림 전쟁'이라고 해요. 이 전쟁에서 수만 명의 병사들이 목숨을 잃었어요.

장군들은 크림반도에서 숨진 병사 대부분이 전투 중에 당한 부상 때문이라고 생각했어요. 하지만 영국군 간호사였던 플로렌스 나이팅게일의 생각은 달랐어요. 나이팅게일은 병사들이 실제로는 지저분한 군 병원 환경과 쥐, 벼룩 등 위생 문제 때문에 죽는다고 생각했어요. 그래서 병사들의 사망 원인을 하나하나 조사해서 자료로 모았어요.

나이팅게일은 이 자료를 표로만 정리하지 않고, 사람들이 쉽게 이해할 수 있도록 원그래프와 비슷한 장미 도표로 나타냈어요. 그리고 도표에서는 전투로 죽은 병사보다 위생 문제로 죽은 병사가 훨씬 많다는 것이 한눈에 드러났어요.

나이팅게일은 수학자가 아니었지만, 자료를 보기 쉽게 만든 장미 도표 덕분에 장군들을 설득할 수 있었어요. 그 결과 군 병원의 환경이 개선되었고, 병사들의 사망률은 크게 줄었어요.

나이팅게일(1820~1910)

또한 나이팅게일은 병원을 깨끗하게 관리할 수 있도록 청소 인력을 요청했어요. 1855년 봄, 영국 정부는 '위생위원회'를 보내 병원의 벽을 하얗게 칠하고, 오물과 동물 사체를 치우며, 하수구를 청소했어요.

사실 이런 일들은 단순히 병원을 덜 불쾌한 곳으로 만들려는 목적이었어요. 하지만 결과적으로 병원 환경이 크게 개선되면서 사망률이 줄어드는 놀라운 효과를 보였어요.

💡 동부 지역 육군에서의 사망 원인에 관한 도표
(1854년 4월 ~ 1856년 3월)

- 🔵 비위생적인 환경에서 전염성 질병으로 인한 사망
- 🔴 전쟁터에서 입은 부상으로 인한 사망
- 🟡 사고나 평소 건강 상태 등 기타 원인에 의한 사망

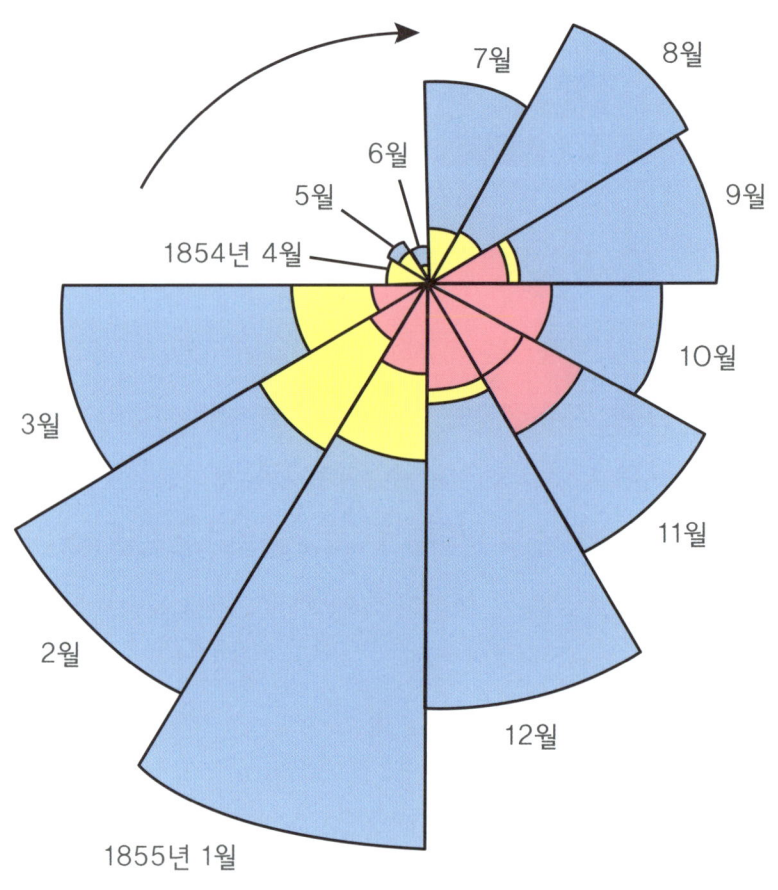

'나이팅게일의 장미 도표'라고 알려진 이 원형 도표는 군 병원에서 병사들이 사망한 주된 이유를 설명해요. 전쟁에서 입은 부상 때문이라기보다는 병원 환경이 좋았다면 병사들의 죽음을 막을 수 있었다는 객관적인 자료를 제시해요. 콜레라, 장티푸스, 이질과 같이 비위생적인 환경에서 전염병으로, 그러니까 예방할 수 있었던 질병으로 병사들이 사망했음을 알 수 있어요.

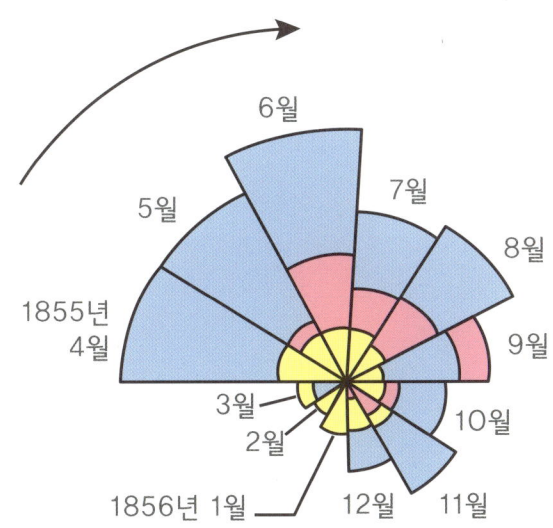

- 각 부채꼴은 한 달을 나타내고, 부채꼴의 크기는 그달에 사망한 병사의 수를 나타내요.
- 부채꼴 안의 세 가지 색은 사망 원인을 나타내요.

이야기 4

세 번째 유령

📖 가평균

세 번째 유령은 키가 크다는 것 말고는 아무것도 알 수 없었어요. 머리와 얼굴을 비롯해 온몸을 시커먼 망토로 감싸고 있었어요. 음산하면서도 신비로운 분위기를 풍겼어요.

스크루지는 앞에 나타난 두 유령이 과거와 현재였기에 지금 눈앞에 있는 유령이 미래의 유령이라고 예상했어요.

"미래의 유령님, 유령님을 보니 몹시 두렵지만, 유령님이 저를 바른길로 이끌어 주시리라 믿습니다. 앞으로 새로운 모습으로 살고 싶습니다."

스크루지가 간절히 부탁했지만, 유령은 아무 대답을 하지 않았어요.

그러자 프레드가 나섰어요.

"맞아요. 삼촌은 과거의 행동을 후회하고 계세요."

유령은 여전히 아무 말도 하지 않았어요. 대신 망토 속에서 빠져나온 가느다란 손가락이 어딘가를 가리켰어요. 스크루지와 프레드의 시선이 그 방향으로 향하자, 유령의 몸이 스르르 움직였어요.

"이번 유령은 같이 가자는 말도 안 하는구나."

스크루지가 유령을 따라 나섰어요. 프레드가 그 뒤를 따랐어요.

순식간에 셋은 도시 한복판에 자리 잡은 금전 거래소 앞에 도착했어요. 거래소 앞에는 세 남자가 서 있었어요.

"소식 들었나? 그 노인네가 죽었다더군."

뚱뚱한 사내의 말에 코가 뭉툭한 남자가 물었어요.

"언제 죽었는데?"

"어젯밤이라더군."

이번에는 장작처럼 마른 남자가 물었어요.

"천년만년 살 것처럼 돈에 집착하더니, 어떻게 된 거야?"

"그야 모르지. 내가 아는 건 하나네. 아주 초라한 장례식이 될 거라는 거야. 누구 하나 참석하겠다는 사람이 없다고 하더군. 어때, 우리라도 참석해 줄까?"

뚱뚱한 사내의 말에 코가 뭉툭한 남자가 대꾸했어요.

"그 노인네가 얼마나 혹독하게 사람들을 괴롭혔다고! 나는 절대로 참석 안 할 거야."

"정신 나갔나? 그 노인네 장례식에 참석하다니!"

세 남자는 동시에 웃음보를 터뜨렸어요.

스크루지는 세 남자의 대화를 들으며, 누구의 장례식인지 몰라도 안타깝다고 생각했어요.

그때 유령이 다시 스르르 움직였어요. 여전히 말도 없이 큰길 쪽으로 향했어요. 그곳에서도 두 사람이 얼굴을 맞대고 누군가의 죽음에 대해 대화를 나누고 있었어요. 두 사람은 스크루지도 잘 알고 있던 사업가들이었어요.

"돈에 눈먼 그 욕심쟁이가 결국 세상을 떴다지요?"

한 남자의 말에 다른 남자가 대답했어요.
"그렇다고 들었습니다. 날이 꽤 춥죠?"
"크리스마스에 어울리는 날씨군요. 그럼, 안녕히."
"그래요, 다음에 봅시다."

두 사람의 대화가 끝나자, 유령은 또 스르르 움직였어요. 스크루지와 프레드는 조용히 그 뒤를 따랐어요.

유령이 두 사람을 데려간 곳은 으슥하고 좁은 뒷골목이었어요. 쓰레기가 나뒹굴고 역겨운 냄새가 코를 찔렀어요. 가난하고 헐벗은 사람들이 추운 거리를 맨발로 헤매고 있었어요.

유령은 스크루지와 프레드를 어느 허름한 가게로 안내했어요. 그곳은 고물을 사고파는 조 영감의 잡동사니 가게였어요. 조 영감은 보따리를 안고 온 세 사람과 대화를 나누고 있었어요.

"갖고 온 물건들을 모두 꺼내 보게."

조 영감의 말에 장의사로 보이는 남자가 가장 먼저 가져온 보따리를 풀고 물건을 꺼냈어요.

"도장 두 개, 연필꽂이, 단추 한 쌍, 싸구려 브로치 한 개요. 얼마나 줄 수 있소?"

"다 해서 6펜스* 쳐 주지. 다음!"

* 편집 주 : Pence. 영국의 화폐 단위 페니(Penny)의 복수형이다.

두 번째로 보따리를 푼 사람은 스크루지도 아는 얼굴이었어요. 스크루지의 집에 드나들던 세탁부 딜버 댁이었어요.

"그 영감이 죽었다는 소식을 듣자마자 내가 달려가서 이 침대보를 벗겨 왔다오. 그리고 수건, 옷 몇 벌, 오래된 은 찻숟가락 두 개, 각설탕 집게 한 개, 장화 한 켤레도 챙겼지."

조 영감은 앞에 놓인 물건을 쓱 보더니, 세탁부 딜버 댁에게도 동전 몇 개를 내밀었어요. 딜버 댁은 값이 마음에 들지 않았는지 얼굴을 찡그렸어요.

마지막 세 번째는 청소부로 일하는 여자였어요. 여자는 보따리를 풀며 못마땅한 투로 말했어요.

"다른 사람들이 다 가져가고 난 뒤라 내가 챙길 게 없더라고요. 그래서 방에 있던 침실 커튼을 떼고, 영감이 입고 있던 셔츠를 벗겨 왔어요."

조 영감이 놀랍다는 듯 물었어요.

"죽은 사람이 누워 있는 자리에서 커튼을 떼고 셔츠를 벗겼다고? 정말 대단하군. 무섭지 않았나?"

"무섭기는요. 살아 있을 때나 무서운 영감이었지, 이미 죽은 영감이 뭐가 무서워요? 내 처지에 손에 닿는 건 뭐든 챙겨야죠. 이 셔츠 좀 봐요. 내가 빼돌리지 않았으면 사라질 물건이라고요."

"사라지다니 그게 무슨 소린가?"

"영감이 입은 채였다면 땅속에 묻힐 거라는 얘기죠. 그래도 내가 셔츠를 벗기고 홑이불로 덮어 줬다고요."

"히히히. 살아 있을 때는 그렇게 치사하더니, 죽어서야 우리 돈벌이가 되어 주는군."

세 사람의 대화를 들으며 스크루지는 참담함을 느꼈어요.

프레드도 얼굴을 찡그렸어요.

"염치없는 사람들이에요. 어떻게 죽은 사람에게 저런 짓을 할 수 있죠?"

스크루지는 온몸을 부르르 떨었어요. 한편으로 자신은 더한 짓을 했을지도 모른다는 생각이 들었어요.

"유령님, 저런 불행한 일을 제가 겪을지도 모른다는 건가요? 제 미래가 저것과 비슷한가요?"

스크루지는 두려움에 흐느꼈어요.

프레드는 삼촌의 말과 행동에 큰 충격을 받았어요. 그는 아무 말도 하지 못한 채 가만히 서서 유령이 뭐라고 말해 주길 기다렸어요. 그러나 유령은 한 마디도 하지 않았어요. 그저 스르르 움직이며 두 사람을 다른 곳으로 안내할 뿐이었어요.

어느새 장소가 바뀌었어요. 스크루지와 프레드는 어두컴컴한 방 안에 서 있었어요. 커튼 없는 방에는 시트도 없는 침대가 놓여 있었어요. 그리고 침대 위에 홑이불에 감싸인 무언가가 놓여 있었어요.

스크루지는 침대로 다가갔어요. 방 안이 얼마나 어두운지 침대 모서리에 부딪칠 뻔했어요. 스크루지는 유령에게 물었어요.

"유령님, 여기는 어디고, 누구의 방입니까?"

유령이 묵묵히 서 있자, 프레드가 사방을 두리번거렸어요.

"여긴 정말 컴컴한 곳이네요. 삼촌, 침대 위에 누군가 누워 있어요. 그런데 아무런 기척도 느껴지지 않는 게 죽은 사람 같아요. 누구일까요? 도대체 누구이기에 슬퍼해 주는 가족이나 친구 한 명 없이 쓸쓸하게 침대 위에 방치되어 있을까요?"

프레드는 침대 위의 사람을 불쌍한 눈빛으로 응시했어요.

스크루지는 유령에게 간절히 부탁했어요.

"저 사람을 위해 진정으로 슬퍼할 사람이 한 명도 없단 말인가요? 저 사람이 죽었다는 소식을 듣고, 슬퍼해 주는 사람이 한 명이라도 있다면, 제발 보여 주세요. 저의 소원입니다."

유령은 말없이 검은 망토 자락을 펼쳤어요. 그러자 눈 깜짝할 사이에 유령과 두 사람은 햇살이 환한 어느 방에 와 있었어요.

방 안에는 한 부인과 아이들이 있었어요. 부인은 아무 일도 손에 잡히지 않는 듯 방 안을 계속 왔다 갔다 했어요.

잠시 뒤, 한 남자가 근심스러운 표정으로 방에 들어왔어요. 부인은 남자의 얼굴을 보고 실망한 듯 물었어요.

"나쁜 소식이군요, 그렇죠?"

"여보, 아직 희망은 있소."

"희망이라고요? 그 고집불통 영감이 새사람으로 다시 태어난다면 모를까, 하지만 그건 절대 불가능해요."

남편이 잠시 숨을 고르더니 힘겹게 말을 뱉었어요.

"영감이 죽었소."

남편의 말을 듣자마자, 부인의 얼굴에는 미소가 떠올랐어요. 그러나 그것도 잠시, 부인은 당황한 듯 말을 더듬었어요.

"이런, 내가 잠시 정신이 나갔나 봐요. 하느님 용서해 주세요. 사람이 죽었다는데 기뻐하다니, 제가 마음을 숨기지 못했습니다."

"우리 함께 영감의 명복을 빌어 줍시다."

부인과 남편은 기도를 올렸어요.

"일주일만 더 기다려 주면 빚을 갚겠다고 말하러 갔을 때, 영감은 죽음을 앞두고 있었던 거요."

"이제 우리 빚은 어떻게 되는 거죠?"

"모르겠소. 새로운 채권 인수자가 나타나겠지."

"어떤 사람이 채권 인수자가 될지는 몰라도 그 영감보다는 지독하지 않을 거예요."

"어쨌든 오늘만큼은 편안하게 잠들 수 있을 것 같소."

젊은 부부의 얼굴에는 다시 기쁨이 떠올랐어요.

스크루지는 절망했어요.

"남자의 죽음을 진심으로 애도하는 사람이 진정 한 명도 없단 말입니까?"

유령은 대답하지 않았어요. 대신 두 사람을 한 집으로 데려갔어요. 현재의 유령과 같이 왔던 그곳, 밥 크래칫의 집이었어요.

가족이 식탁에 둘러앉아 있었어요. 집 안은 이상하리만치 조용했어요. 밥의 아내와 큰딸은 바느질에 여념이 없었고, 피터는 어린 동생들에게 책을 읽어 주고 있었어요.

밥의 아내는 바느질감을 잠시 치우고 손으로 두 눈을 비비며 말했어요.

"검은 천 때문에 눈이 아프구나. 참, 아버지가 오실 때가 되었지?"

피터가 읽던 책에서 눈을 떼고 대답했어요.

"한참 지났어요. 어머니, 요즘 아버지의 발걸음이 부쩍 느려지신 것 같아요."

"팀을 목말 태우고 오실 때는 걸음이 아주 빠르셨지."

밥의 아내는 슬픈 미소를 지었어요.

"맞아요. 저도 본 적 있어요."

아이들은 저마다 한마디씩 거들었어요.

그때 현관문 쪽에서 문 열리는 소리가 났어요.

"얘들아, 아버지가 오셨나 보다."

밥의 아내와 아이들은 자리에서 일어나 퇴근하고 돌아온 밥을 맞이했어요.

밥은 낡은 목도리를 풀어서 현관 근처의 옷걸이에 걸었어요. 벽난로 옆에는 잘 관리된 팀의 목발 한 짝이 놓여 있었어요.

밥은 슬픈 표정으로 목발을 잠시 바라본 뒤, 자신을 반갑게 맞이하는 아이들을 향해 고개를 돌리며 애써 웃음을 지어 보였어요.

"자, 오늘 하루는 뭘 하고 지냈는지 아빠에게 누가 말해 줄래?"

밥은 아이들과 놀아 준 뒤, 아내와 딸의 바느질 솜씨를 칭찬했어요.

"일요일이 되기 전에 끝낼 수 있겠구나. 얘들아, 난 너희가 사랑스러운 팀을 영원히 기억해 주면 좋겠구나."

"당연하죠. 우리 막내를 어떻게 잊겠어요?"

피터를 시작으로 아이들은 팀에 관해 저마다 말을 보탰어요.
프레드가 밝게 웃던 팀을 떠올리며 안타까워했어요.
"돈만 있었다면 살릴 수 있었을 거예요."
스크루지는 팀의 죽음 앞에서 어쩔 줄 몰랐어요.
그때 유령이 다시 움직였어요. 발길이 떨어지지 않은 스크루지는 유령의 뒤를 따라가면서도 계속 뒤를 돌아봤어요.

세 번째 유령은 지금까지 어디로 가는지 한 번도 설명하지 않았어요. 하지만 앞에 두 유령과의 경험으로 미루어 스크루지는 이번이 마지막 장소라는 걸 예감했어요.
유령이 멈춰 선 곳은 한 철문 앞이었어요. 그곳이 어떤 곳인지 알아본 스크루지는 숨이 막힐 것 같았어요. 바로 죽은 자들의 공간, 묘지였어요.

유령이 무덤들 가운데 하나를 가리키자, 스크루지가 힘겹게 입을 열었어요.

"유령님, 부디 이것 하나만이라도 말해 주세요. 제가 본 일들이 반드시 미래에 일어날까요? 아니면 일어날 수도 있는 일인가요?"

유령은 손가락으로 한 무덤을 가리킬 뿐 여전히 침묵했어요.

스크루지가 다시 간절하게 물었어요.

"사람은 예정된 종착지를 향해 살아갑니다. 그러나 다른 길로 가면 운명을 벗어날 수도 있지 않을까요? 유령님이 저를 데리고 이것저것 보여 주신 것도 그런 가르침을 주기 위해서가 아닌가요?"

그러나 몇 번을 물어도 마찬가지였어요. 유령은 자리에 선 채 대답 없이 손가락으로 그 무덤만을 가리켰어요.

결국 스크루지는 바들바들 떨리는 몸을 이끌고 무덤으로 다가갔어요. 무덤 주변은 휑했어요. 다른 무덤들에는 꽃이 놓여 있었지만, 그 무덤 앞에는 아무것도 놓여 있지 않았어요. 그저 비석에 이름만 덩그러니 새겨져 있을 뿐이었어요.

스크루지는 떨리는 마음으로 이름을 확인했어요.

'에비니저 스크루지'

스크루지는 비명을 질렀어요.

"침대에 쓸쓸히 누워 있던 죽은 사람이 저였군요. 사람들이 말한 죽은 영감이 바로 저였어요!"

스크루지는 유령의 옷자락을 붙들고 매달렸어요.

"유령님, 제 말 좀 들어 주세요. 저는 예전의 일들을 후회합니다. 앞으로는 크리스마스의 의미를 되새기며 살겠습니다. 그러니까 미래가 바뀔 수 있다고 말해 주세요. 부디, 제발……."

스크루지는 유령의 손을 붙잡고 울면서 애원했어요.

하지만 유령은 냉정했어요. 스크루지에게 잡힌 손을 빼내고 그를 밀쳐냈어요. 스크루지가 다시 손을 잡으려고 하자 유령의 모습이 변했어요. 검은 망토가 점점 쪼그라들더니 어느새 침대 기둥으로 바뀌었어요. 바로 매일 밤 스크루지가 잠을 자던 침대였어요.

프레드의 수학 파고들기

가평균을 이용하여 평균 구하기

102, 108, 117

세 자료의 값의 평균은 얼마일까요? 앞에서 배운 대로 평균을 구한다면, 자료의 값인 세 수를 더해서 자료의 수인 3으로 나누면 돼요.

(평균)=(102+108+117)÷3=327÷3=109

그런데 평균을 구하는 다른 방법도 있어요. 바로 '가평균'을 이용하는 방법이에요. 가평균이란 자료의 값 중 기준으로 삼은 '기준수'를 의미해요. 임시로 정한 평균이라고 보면 돼요. 기준수를 정할 때는 계산이 쉬운 수를 고르는 것이 가장 좋아요. 일반적으로 중앙값이나 최빈값을 많이 사용해요. 가장 작은 수를 기준수로 정해도 돼요.

◆ 가평균을 이용한 자료의 값의 평균 구하기

① **가평균(기준수) 정하기** : 계산이 쉬운 수
② **자료의 값과 가평균의 차이 구하기** : (자료의 값)−(가평균)
③ **차이의 평균 구하기** : (차이의 합)÷(차이의 개수)
④ **자료의 값의 평균 구하기** : (가평균)+(차이의 평균)

이제 순서대로 계산해 볼게요. 먼저, **가평균**으로 세 수 중 계산이 쉬운 가장 작은 수를 선택할 거예요. 가장 작은 수는 **102(①)**예요.

다음으로, **자료의 값과 가평균의 차이**를 구해요.

② 102−102=0
108−102=6
117−102=15

차이는 0, 6, 15예요. 이제 **차이의 평균**을 구해요.

③ (0+6+15)÷3=21÷3=7

차이의 평균은 7이에요. 이제 **자료의 값의 평균**을 구해요.

④ 102+7=109

가평균으로 구한 세 자료의 값의 평균도 109예요.

계산 단계가 많아서 복잡해 보일 수 있어요. 하지만 자료의 값이 커서 계산하기가 복잡하거나 어려운 경우 사용해 보세요. 자료의 값의 평균 구하기가 한결 수월해요.

평균으로 평균 구하기

지금까지는 자료의 값이 주어지고, 평균을 구하는 방법을 확인해 봤어요. 그럼, 자료의 값을 알아야만 평균을 구할 수 있을까요?

자료의 값의 평균만으로 새로운 평균을 구해 볼게요. 다섯 명의 아이가 두 팀으로 나눠서 줄넘기를 하고 평균을 구했어요.

유리, 호영의 줄넘기 평균	10
하나, 미주, 수진의 줄넘기 평균	12
유리, 호영, 하나, 미주, 수진의 줄넘기 평균	( )

유리, 호영의 줄넘기 평균은 10이고, 하나, 미주, 수진의 줄넘기 평균은 12일 때, 다섯 아이의 줄넘기 평균은 얼마이고, 어떻게 구할 수 있을까요? 차근차근 생각해 보면 구할 수 있어요. 먼저 주어진 자료에서 알고 있는 것을 정리해요.

1) 유리, 호영의 줄넘기 평균은 10, 하나, 미주, 수진의 줄넘기 평균은 12

유리, 호영의 줄넘기 평균은 10이에요. 자료의 값은 알 수 없으나 자료의 수는 알 수 있어요. 바로 2예요. 마찬가지로 하나, 미주, 수진의 줄넘기 평균은 12이고, 자료의 수는 3이에요.

이제 평균 구하기 공식에 대입해요.

$$(평균) = (자료의\ 값의\ 합) \div (자료의\ 수) = \frac{(자료의\ 값의\ 합)}{(자료의\ 수)}$$

$$(유리+호영) \div 2 = \frac{(유리+호영)}{2} = 10$$

$$(유리+호영) = 10 \times 2 = \underline{20}$$

$$(하나+미주+수진) \div 3 = \frac{(하나+미주+수진)}{3} = 12$$

$$(하나+미주+수진) = 12 \times 3 = \underline{36}$$

아이 각각의 자료의 값은 알 수 없으나, (유리+호영)의 합과 (하나+미주+수진)의 합은 구할 수 있어요. 두 합을 이용해 평균을 구해요.

2) 유리, 호영, 하나, 미주, 수진의 줄넘기 평균

$$(유리+호영+하나+미주+수진) \div 5 = (20+36) \div 5$$
$$= 56 \div 5$$
$$= 11.2$$

표의 빈칸에 들어갈 다섯 아이의 자료의 값의 평균은 11.2예요.

역사에서 수학 읽기

자료를 한눈에 보여 주는
표와 그래프

 책이나 신문 기사를 보면 어떤 자료에 대한 표나 그래프가 실려 있는 걸 볼 수 있어요. 글로만 읽으면 이해하기 어려운 내용도 표와 그래프를 보면 훨씬 쉽게 이해할 수 있어요. 그렇다면 표와 그래프는 언제부터 사용되었을까요?

💡 현대 통계학의 시작, 영국

 1600년대, 영국은 세계에서 가장 부유하고 강한 나라였어요. 무역이 활발해 세계 여러 나라와 물건을 주고받았어요.
 하지만 무역을 하면서 물건뿐만 아니라 전염병도 들어왔어요. 그중에서도 흑사병은 아주 무서운 전염병이었어요. 영국의 많은 사람이 목숨을 잃었어요. 그래서 영국 사람들은 "얼마나 많은 사람이 언제, 왜 죽었을까?"를 궁금해했고, 그 수를 정리해서 기록하기 시작했어요.
 1662년, 존 그라운트(1620~1674)라는 경제학자가 60년 동안 모은 자료를 바탕으로 『사망표의 제 관찰 : 역병과 환경의 경제성 분석』(법문사, 2008)이라는 책을 썼어요. 이 책은 세계에서 가장 먼저 나온 통계 분석 책 중 하나예요. 그라운트는 표와 숫자, 그리고 간단한 그래프를 이용해 병으로 얼마나 많은 사람이 죽었는지, 어떤 질병이 위험한지를 알아보았어요. 이것이 현대 통계학의 시작이에요.

최초로 '통계학' 용어를 사용한 독일

1600년대 독일은 30년 전쟁으로 나라가 매우 가난해지고, 국민의 절반 가까이가 희생되었어요.

헤르만 콘링(1606~1681)이라는 학자는 독일의 어려운 상황을 해결하고 나라를 다시 일으키기 위해 인구, 세금, 지역별 피해 등을 자세히 조사하자고 했어요. 그는 '국가에 관한 조사와 정리'를 학문으로 삼아야 한다고 했어요. 이 생각은 나중에 '통계학'이라는 이름으로 발전하게 되었어요.

이후 고트프리트 아헨발(1719~1772)이라는 학자가 1700년대에 실제로 『통계학』이라는 책을 펴내며 그 생각을 이어받았어요.

오늘날 우리가 쓰는 표와 그래프, 대푯값, 비율, 평균 같은 통계 지식은 바로 17세기 영국과 독일의 자료 조사와 기록에서 시작된 것이라고 할 수 있어요.

이야기 5

자선사업가가 된 스크루지

📖 그래프와 정보
　　규칙과 대응

"으악!"

스크루지가 비명을 지르며 깨어났어요. 주위를 둘러보니 자신의 방, 침대 위였어요.

프레드가 침대로 다가서며 말했어요.

"삼촌, 안심하세요. 우린 원래의 시간으로 돌아왔어요."

"그렇다면 안심이다. 이 시간으로 돌아올 수 있어서 얼마나 고마운지 모르겠구나."

스크루지는 간밤에 얼마나 울부짖었던지 목에서 쇳소리가 났어요. 거울을 보니 두 눈이 퉁퉁 부어 있었어요. 그러나 가슴은 뭔지 모르게 뜨겁게 불타올랐어요. 세 유령과 함께 다니면서 겪은 일이 생생하게 떠올랐어요. 스크루지는 다짐했어요.

'세 유령과 과거, 현재, 미래에 다녀온 일을 잊으면 안 돼. 세 유령에게 감사하고, 그 가르침을 가슴 깊이 새겨야 해. 오, 고마운 내 친구 말리!'

스크루지는 7년 전 말리가 세상을 떠난 뒤 그를 그리워한 적이 없었어요. 하지만 말리는 스크루지를 위해 유령이 되어 나타나 줬어요. 스크루지는 조카에게도 진심으로 고마운 마음이 들었어요.

"프레드, 내가 그동안 하나뿐인 가족에게 소홀했구나. 너랑 함께 여행하면서 깨달았단다. 네가 참 마음이 따뜻하고 똑똑한 청년이라는 것을 말이야."

처음으로 들은 스크루지의 칭찬에 프레드는 쑥스러운 듯 머리를 긁적였어요.

"삼촌의 칭찬을 들으니까 쑥스럽네요. 저도 오랜만에 삼촌과 많은 시간을 보내서 즐거웠어요. 저는 이만 집으로 돌아가야겠어요. 아내가 기다리고 있을 거예요."

프레드는 얼마 전에 결혼했어요. 스크루지는 하나뿐인 조카의 결혼식에 참석하지 않았고, 축복의 말을 건네지도 않았어요. 가난뱅이 주제에 결혼한다고 빈정대기만 했어요. 그럼에도 프레드는 하나뿐인 삼촌이 걱정되어 함께 여행을 다녀 줬어요.

조카의 배려에 스크루지는 미안함과 부끄러움에 얼굴을 들 수가 없었어요. 스크루지는 속으로 되뇌었어요.

'나는 정말 못난 삼촌이었어. 이제부터라도 잘해 줘야겠어.'

프레드가 집으로 돌아간 뒤, 스크루지는 벽난로 근처를 서성이며 간밤에 일어난 일을 정리했어요.

"저 문으로 말리의 혼령이 들어왔지. 현재의 크리스마스 유령은 저 구석에 있었고. 모두 진짜였어! 사실이었다고! 하하하."

스크루지는 오랜만에 크게 웃었어요. 날아갈 듯 가볍고 활기찬 웃음소리였어요.

"이게 얼마 만에 웃어 보는 거람? 꼭 갓난아이처럼 새로 태어난 기분이 들어."

뎅그렁! 뎅그렁!
밖에서 교회 종소리가 울렸어요. 스크루지는 창가로 달려가 창문을 열고 고개를 내밀었어요. 지난밤의 뿌연 안개가 흔적도 없이 사라졌어요. 아침 하늘은 맑고 청명했어요. 맑은 종소리를 들으면서 바라보는 풍경이 너무 아름다웠어요.
스크루지가 창문 아래로 지나가는 한 사내아이를 보고 소리쳤어요.
"얘야, 오늘이 며칠이냐?"

사내아이는 고개를 갸웃하며 의아한 표정을 지었어요.
"오늘이 며칠이냐고요? 정말 모르셔서 물어 보세요?"
"그렇단다. 오늘이 며칠이냐고 물은 거다."
"오늘은 크리스마스잖아요."
"크리스마스? 그 모든 일이 하룻밤 사이에 일어났다는 말이냐?"
아이는 스크루지의 질문을 이해할 수 없었어요.
스크루지는 그래도 상관없다는 듯이 아이에게 질문을 이어갔어요.

"다다음 골목 모퉁이에 있는 푸줏간을 알고 있느냐?"

"그럼요."

스크루지는 잘됐다는 듯이 웃으며 말했어요.

"그 푸줏간에 가서 최상품 칠면조를 주문하고, 배달원과 함께 와 주겠니? 자, 심부름값으로 먼저 1실링을 주마. 5분 안에 다녀오면 반 크라운을 얹어 주지."

스크루지의 말이 끝나자마자, 사내아이는 총알같이 달려갔어요.

잠시 뒤, 사내아이와 함께 한 남자가 엄청나게 큰 칠면조를 낑낑거리면서 들고 스크루지를 찾아왔어요.

"칠면조 고기를 캠든 타운에 있는 밥 크래칫의 집까지 배달해 주게. 들고 가려면 힘들 테니 마차를 타고 가는 게 좋겠군."

스크루지는 싱글벙글 웃으며 칠면조 값과 마차 탈 돈을 배달원에게 건넸어요. 또 사내아이에게 약속한 심부름값을 주었어요. 사내아이는 이게 웬 횡재인가 싶어 얼른 돈을 받았어요. 그리고 신나게 집으로 달려갔어요.

칠면조 배달원은 고개를 갸우뚱하며 스크루지를 힐끔거렸어요. 스크루지가 큰 칠면조 고기를 산 것도 처음인데, 거기에다 고기 배달을 위해 마차 탈 돈까지 주다니, 제정신이 맞나 싶었어요.

스크루지는 가장 좋은 옷을 차려입고 거리로 나섰어요. 스크루지의 밝은 표정에, 몇몇 사람들이 크리스마스 인사를 건넸어요. 그러

자 놀라운 일이 벌어졌어요. 스크루지가 웃으며 인사를 건넨 거예요.
"메리 크리스마스!"

스크루지의 인사를 받은 두 신사가 멈칫했어요. 크리스마스 인사는 스크루지가 가장 싫어하는 말이라는 걸 사람들은 알고 있었어요. 그런데 스크루지에게서 메리 크리스마스라는 인사를 받다니, 두 신사는 자신들이 들은 게 맞는지 의심하는 표정이었어요.

사람들이 그러거나 말거나 스크루지는 콧노래를 흥얼거리며 프레드의 집으로 걸어갔어요.

스크루지가 프레드의 집을 방문하는 건 이번이 처음이었어요. 스크루지를 본 조카 부부는 깜짝 놀란 표정으로 그를 맞이했어요.

"세상에나! 스크루지 삼촌!"

프레드가 반가운 목소리로 맞이했어요.

"그래, 네 삼촌 스크루지다. 프레드, 네가 저녁 먹으러 오라고 초대하지 않았느냐. 네게 따로 할 말도 있단다."

조카 부부는 스크루지의 방문을 크게 환영했어요.

프레드의 집은 따뜻함과 밝은 기운으로 가득했어요. 크리스마스를 맞아 친구들도 놀러 왔고, 그들 모두가 스크루지에게 친절했어요.

모두가 흥겨운 크리스마스를 보내는 사이, 스크루지는 프레드를 따로 불렀어요. 그리고 한 뭉치의 돈을 내밀며 용건을 말했어요.

"프레드, 나는 네가 이 돈을 좋은 일에 사용해 주면 좋겠다."

"이 많은 돈을 다 기부하신다고요?"

프레드는 놀랐어요. 스크루지가 건넨 돈은 한두 푼이 아니었어요.

"이런, 내 말을 못 믿겠니? 확실히 말해 두는데, 이번만이 아니란다. 나는 앞으로 계속 너에게 이 일을 맡길 생각이다."

스크루지의 단호한 말에, 프레드는 간밤의 일을 떠올리며 마음속으로 생각했어요.

'세 유령과의 여행이 삼촌을 변화시켰구나. 참 다행한 일이야.'

프레드가 마음에 두고 있는 곳이 있는지 묻자, 스크루지가 품에서 종이 한 장을 꺼내 프레드에게 보여 줬어요.

"안 그래도 사무실에 찾아와서 기부금을 부탁했던 사람들을 찾아가서 물었더니 이 목록을 주더구나."

종이에는 기부할 곳들의 이름이 빼곡하게 적혀 있었어요. 프레드는 목록을 잠시 들여다보더니, 곧 종이에 뭔가를 적고 계산하기 시작했어요. 그리고 그 종이를 다시 스크루지에게 건넸어요. 종이에는 기부할 곳과 기부 금액의 백분율이 적혀 있었어요.

◆ 스크루지의 돈을 기부할 곳

시설명	양로원	보육원	무료 급식소	장애인 복지시설	합계
시설 수	4	8	3	5	20
기부금 백분율(%)	20	40	15	25	100

"삼촌, 기억나세요? 파티에 온 사람들이 먹고 싶어 하는 음식을 조사할 때 보여 드렸던 백분율 말이에요."

"그래, 기억한다. 내가 너에게 돈을 벌려면 민스파이를 팔아야 한다고 했었지."

스크루지의 말에 프레드가 미소를 지었어요.

"삼촌이 건네주신 목록을 보니까, 시설을 크게 네 곳으로 분류할 수 있었어요. 그래서 같은 시설끼리 묶고 어느 곳에 얼마만큼 기부금을 나눠야 하는지 백분율을 계산해 봤어요."

프레드는 두 개의 그래프를 가리키며 말을 이었어요.

"그때를 기억하면서 띠그래프와 원그래프도 그려 봤어요. 보면 아시겠지만, 기부금의 40%는 보육원에 전달될 거예요. 나머지 60%의 기부금은 장애인 복지시설, 양로원, 무료 급식소 순으로 나눠질 거고요."

"참, 친절하구나. 덕분에 기부금이 어디에 얼마만큼 분배될지 한눈에 파악된다."

◆ 스크루지의 돈을 기부할 곳 [띠그래프]

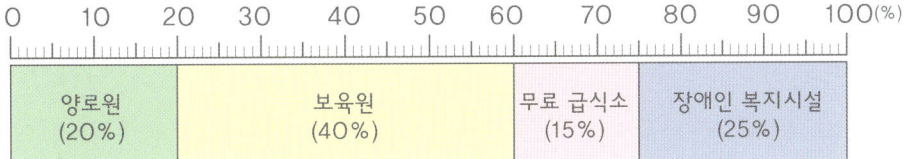

◆ 스크루지의 돈을 기부할 곳 [원그래프]

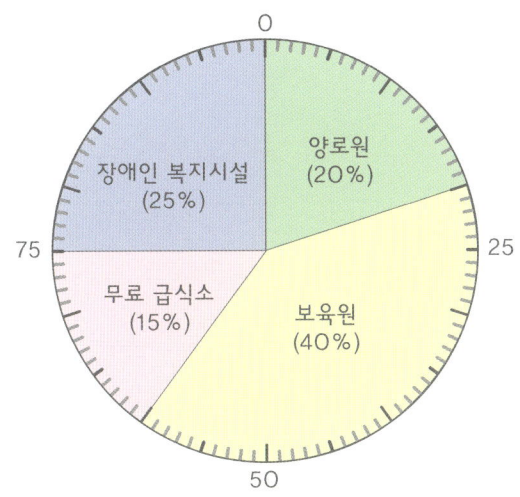

"명심하세요. 앞으로 기부할 곳이 얼마나 늘어날지는 전적으로 삼촌의 능력에 달려 있어요."

프레드의 장난스러운 말에 스크루지는 환한 미소로 답했어요.

"한 가지가 더 있다. 내 사업을 물려받을 수 있도록 사무실에 나와 일을 배우는 게 어떻겠니?"

이번에야말로 프레드의 눈이 동그래졌어요. 스크루지가 사업을 물려줄 거라고는 상상조차 하지 못했어요. 프레드는 흔쾌히 일을 배우겠다며 스크루지가 내민 손을 꼭 잡았어요.

크리스마스 다음 날, 스크루지는 아침 일찍 사무실에 나갔어요. 밥보다 먼저 도착해 있기 위해서였어요. 그래야 밥에게 늦었다고 말할 수 있으니까요.

그런데 그럴 필요가 없었어요. 밥은 무려 18분 30초나 지나서야 사무실에 출근했어요.

"이보게, 밥. 무슨 배짱으로 이렇게 늦었나?"

스크루지가 최대한 평소처럼 날카로운 목소리를 내려고 노력했어요.

"사장님, 죄송합니다. 정말 죄송합니다."

밥이 연신 고개를 숙이며 사과했어요.

"죄송한 걸 아니 다행이군. 이리 가까이 와 보게."

"사장님, 1년에 딱 한 번입니다. 다시는 이런 일 없게 하겠습니다. 제발 한 번만 용서해 주세요!"

밥은 스크루지의 입에서 해고라는 말이 나올까 봐 걱정되어 벌벌 떨었어요.

"더 이상 자네의 이런 꼴은 못 보겠네."

앉아 있던 의자에서 벌떡 일어난 스크루지는 밥에게 다가가 낡은 외투를 손가락으로 쿡 찔렀어요.

"무슨 말인지 알겠나? 난 자네의 이런 꼴을 두 번 다시 보고 싶지 않단 말일세."

스크루지의 계속된 호통에 밥은 연신 용서를 빌었지만, 스크루지가 용서해 줄 것 같지 않아 막막했어요. 직장을 잃을까 봐 두려웠어요.

그런데 이어지는 스크루지의 말을 듣고 밥은 제 귀를 의심했어요.

"봉급을 올려 줄 테니 당장 옷부터 사 입게."

놀란 밥은 가까이에 있는 자를 움켜쥐었어요. 아무리 생각해도 스크루지가 제정신이 아닌 것 같았어요. 자로 때려눕힌 다음, 밖에서 사람들을 불러와야겠다고 생각했어요. 그래야 병원에 데려갈 수 있으니까요.

"메리 크리스마스, 밥!"

스크루지는 밥의 등을 두드리며, 진심을 담아 말했어요.

 "그동안 고생 많았네. 봉급이 오르면 자네 집 살림도 좀 나아지겠지. 오늘 저녁에 와인 한 잔 하며 자네 집안일을 의논해 보는 건 어떤가? 아, 그전에 먼저 석탄부터 한 포대 사 오게. 추워서 떠느라 자네 손이 실수하면 안 될 테니까. 하하하!"

 밥은 얼떨떨했어요. 대체 스크루지가 왜 이런 말을 하는지 알 수 없었어요. 하지만 해고하지 않아 다행이라고 여기며 시킨 대로 석탄 한 포대를 사 와 난로에 불을 지폈어요.

 스크루지는 밥에게 한 말을 모두 지켰어요. 그의 봉급을 올려 주었고, 또 밥의 집안 사정을 궁금해하며, 특히 막내아들 팀에게 관심을 보였어요. 직접 도움을 주기도 했어요. 크리스마스가 지나고 팀이 심하게 앓자, 스크루지가 직접 병원에 데리고 갔어요. 덕분에 지금 팀은 건강을 되찾았어요.

스크루지는 프레드가 사무실에 출근하자, 이렇게 선언했어요.

"프레드, 나는 이제부터 새로운 삶을 살려고 한다. 너는 내 말을 명심하거라. 앞으로 이자를 못 내는 사람들에게 더 이상 이자를 갚지 않아도 된다고 말해라. 원금만 갚되, 사정이 어려우면 천천히 나누어서 갚아도 된다고 말이다."

프레드는 스크루지의 두 손을 잡고 기쁨의 춤을 추었어요.

원금에 눈덩이처럼 이자가 붙어 도저히 갚을 수 없었던 사람들은 프레드의 말을 듣고 다 함께 외쳤어요.

"스크루지 영감님, 만세!"

"스크루지 영감님, 최고다!"

사람들은 스크루지의 변화를 놀라워하며 함께 기뻐했어요.

스크루지의 놀라운 변화는 계속됐어요. 해마다 크리스마스이브가 되면 스크루지는 마을 아이들을 초대해 파티를 열었어요. 산타클로스 복장을 한 스크루지가 나타나면, 아이들은 두 손을 번쩍 들고 "사랑해요, 스크루지 할아버지!"라고 소리쳤어요.

프레드와 밥도 스크루지가 하는 일에 동참했어요. 올해에 두 사람은 아이들 앞에 초록색 기계를 들고 나왔어요.

스크루지가 초록색 기계에 숫자 카드 1을 넣으며 말했어요.

"어린이 여러분에게 새로운 마술을 보여 줄게요."

곧이어 기계에서 2개의 선물 상자가 나왔어요.

"다음은 5를 넣어 볼 건데, 과연 선물은 몇 개가 나올까요?"

스크루지가 질문하자, 한 아이가 대답했어요.

"6개요! 아까 할아버지가 1을 넣었을 때 선물이 2개 나왔어요. 제 생각에 '숫자 카드 수+1'이 선물 상자 개수 같아요. 그러니까 이번에는 '5+1'로 6개가 맞아요."

다른 쪽에서 키 작은 한 아이가 손을 번쩍 들었어요.

"제 생각은 달라요."

"오호, 네 생각도 궁금하구나. 너는 선물이 몇 개 나올 것 같니?"

스크루지의 질문에 키 작은 아이가 또랑또랑한 목소리로 말했어요.

"10개가 나와요. 아까 스크루지 할아버지가 넣은 숫자 카드 1에 '×2'를 해서 2개가 나온 거예요. 이번에는 숫자 카드 5니까 '5×2'를 하면 10개예요."

"아냐, 아냐! 6개가 맞아."

처음 대답한 아이가 외쳤어요.

"내가 맞아, 10개야!"

키 작은 아이도 지지 않고 소리쳤어요.

아이들은 순식간에 둘로 나뉘어서 아우성을 치기 시작했어요.

프레드와 밥이 나서서 아이들을 진정시켰어요. 아이들이 아우성을 멈추자, 프레드가 차분하게 설명했어요.

"이렇게 선물 수에 대한 예상이 다른 까닭은 정보가 부족하기 때문이에요. 이럴 때는 추가 정보가 필요하죠. 숫자 카드 한 장만 넣어서는 정확한 대응 관계를 알 수 없어요. 최소한 두 쌍 이상의 대응하는 수를 알아야 해요. 자, 그럼 이제 어떻게 하면 좋을까요?"

프레드가 질문하자, 아이들이 대답했어요.

"다른 숫자 카드를 더 넣어 봐야 해요."

"숫자 카드 1은 넣으면 안 돼요."

아이들을 둘러보던 밥이 빙그레 웃으며 말했어요.

"이번에는 숫자 카드 2를 넣어 볼까요?"

아이들이 고개를 끄덕이며 호응하자, 밥이 기계에 숫자 카드 2를 넣었어요. 그러자 이번에는 4개의 선물 상자가 나왔어요.

"내가 맞혔어! 선물 상자 개수는 '숫자 카드 수 × 2'가 맞아."

키 작은 아이는 자신이 맞췄다면서 좋아서 방방 뛰었어요.

그때 아이들 중 몸이 제일 작고 왜소한 여자아이가 스크루지에게 다가와 숫자 카드 50을 보여 주며 귓속말로 물었어요.

"스크루지 할아버지, 숫자 카드 50을 넣으면 선물이 진짜 100개 나와요? 선물이 100개면 좋겠어요. 100개면 싸우지 않고 나눠 가질 수 있잖아요."

스크루지가 고개를 끄덕이자, 여자아이는 기쁜 얼굴로 기계에 숫자 카드 50을 넣었어요. 그러자 선물 상자가 마구 쏟아지기 시작했어요.

아이들은 입을 모아 선물 상자의 개수를 세었어요.

"하나, 둘, 셋, 넷……."

선물 상자는 모두 100개였어요. 아이들은 환호성을 지르며 저마다 선물 상자를 하나씩 품에 안고 기뻐했어요.

스크루지는 남은 선물 상자들을 가리키며 아이들에게 물었어요.

"여기 선물이 남았구나. 이 선물들은 어떡하면 좋겠니?"

아이들이 함께 입을 모아 말했어요.

"선물을 갖고 싶어 하는 아이에게 나눠 주면 돼요."

스크루지는 아이들에게 남은 선물은 보육원에 기부하겠다고 약속했어요.

스크루지는 매년 크리스마스가 다가오면 세 유령을 떠올려요. 그리고 그때마다 세 유령의 가르침을 되새기면서 조금이라도 더 남을 도와야겠다고 다짐해요. 아이들을 크리스마스이브에 초대하는 일도 그렇게 시작된 거예요. 밥의 막내아들 팀이 스크루지에게 영향을 주었어요.

덕분에 스크루지는 마을 아이들에게 최고의 인기를 누리고 있어요. 크리스마스 파티에 가장 초대하고 싶은 인물에서 산타클로스와 함께 스크루지가 1위로 뽑혔어요.

파티가 끝나고 헤어질 시간이 되자, 아이들은 한 명씩 스크루지에게 다가와 인사를 건넸어요.

"스크루지 할아버지, 내일 크리스마스에는 우리 집에 오셔서 꼭 함께 식사하셔야 해요."

"우리 집에도 꼭 오세요."

아이들의 초대에 스크루지가 말했어요.

"고맙구나. 덕분에 올해는 저녁을 여러 번 먹겠구나. 하하하."

"할아버지, 우리 집은 내년이에요."

"앗! 그럼, 우리 집은 내내년이요!"

아이들이 스크루지를 빙 둘러싸고 서로 먼저 초대하겠다고 야단이었어요.

프레드가 스크루지에게 다가가 귀에 대고 속삭였어요.

"삼촌, 이 아이들 집에 한 번씩 가시려면 오래오래 사셔야겠어요."

"그렇고말고, 아무렴 당연하지!"

스크루지는 껄껄 웃으며 사랑스러운 눈길로 아이들을 바라보았어요.

내용 정리

그래프와 정보

스크루지는 프레드에게 기부할 곳의 목록을 건네며, 기부금을 나눠 달라고 부탁했어요. 프레드는 기부할 목록을 정리한 뒤, 같은 시설끼리 분류하고, 각 시설의 백분율을 계산했어요.

◆ 스크루지의 돈을 기부할 곳

시설명	양로원	보육원	무료 급식소	장애인 복지시설	합계
시설 수	4	8	3	5	20
기부금 백분율(%)	20	40	15	25	100

위의 표를 보면 시설마다 얼마만큼 기부금을 나누게 될지 비중을 알 수 있어요. 하지만 숫자만으로는 기부금의 액수를 비교하기 어렵지요. 프레드는 스크루지가 기부금의 분배를 한눈에 파악할 수 있게 두 개의 그래프를 그려서 보여 줬어요.

◆ 스크루지의 돈을 기부할 곳 [띠그래프]

양로원 (20%)	보육원 (40%)	무료 급식소 (15%)	장애인 복지시설 (25%)

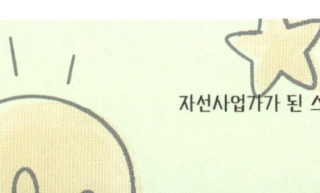

◆ 스크루지의 돈을 기부할 곳 [원그래프]

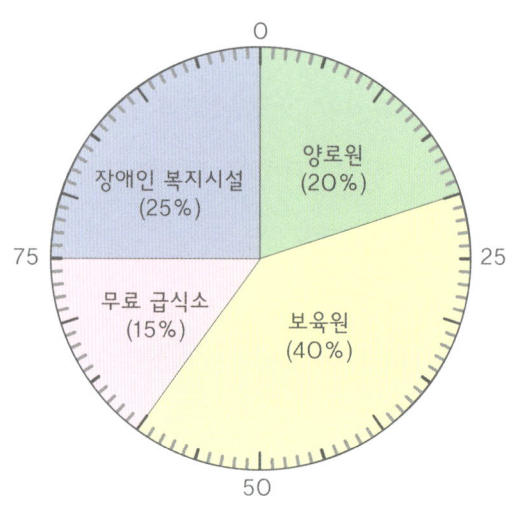

두 그래프를 살펴보면, 기부금의 40%가 보육원에 전달되고, 나머지 60%의 기부금은 장애인 복지시설, 양로원, 무료 급식소 순으로 나눠진다는 게 한눈에 보여요.

세부적으로 살펴보면, 눈에 띄는 것들이 있어요. 띠그래프에서는 보육원의 비중이 가장 크다는 게 한눈에 들어와요. 원그래프에서는 보육원의 비중이 가장 크다는 것과 함께, 조각 크기가 원의 절반 가까이를 차지한다는 게 보여요. 기부금의 절반 가까운 돈이 보육원에 분배된다는 걸 가장 확실하게 보여 주는 거예요.

이처럼 표에서는 숫자로만 표시되어 차이를 체감하기 어려워요. 하지만 두 그래프에서는 조각 크기의 비교를 통해 무엇이 얼마만큼 차지하는지 바로 눈으로 확인할 수 있어요.

규칙과 대응

숫자 카드와 선물 상자 개수의 대응 관계에서 확인할 수 있듯이, 대응 관계를 알려면 최소한 두 쌍 이상의 자료가 필요해요.

첫 번째 자료는, 숫자 카드 1을 넣었을 때 선물 상자 2개가 나왔다는 거예요. 이것을 보고 두 아이는 각자 다른 생각을 내놓았어요. 한 아이는 '숫자 카드 수+1'이라고 했고, 다른 아이는 '숫자 카드 수×2'라고 했어요. 이것만 보면 두 아이 중 누구의 생각이 맞았는지 알 수 없어요.

두 번째 자료는, 숫자 카드 2를 넣었을 때 선물 상자 4개가 나온 거예요. '숫자 카드 수×2'의 대응 관계가 예상돼요.

세 번째 자료는, 숫자 카드 50을 넣었을 때 선물 상자 100개가 나온 거예요. '숫자 카드 수×2'의 규칙이 확인돼요.

◆ 숫자 카드와 선물 상자의 대응 관계

숫자 카드	1	2	50	…
선물 상자 개수	2	4	100	…

(숫자 카드 수)×2=(선물 상자 개수)

프레드의 수학 파고들기

그래프의 특징

그래프는 숫자나 정보 같은 자료를 쉽게 읽고 이해할 수 있도록 그림으로 보여 주는 방법이에요. 그래프를 효과적으로 사용하려면 보여 주고자 하는 정보에 알맞은 종류를 고르는 것이 중요해요.

- 막대그래프

  수량을 서로 비교하기가 좋아요. 특히 항목이 여러 개일 때 비교하기 편해요.

- 원그래프(파이그래프)

  둥근 원 모양을 파이 조각처럼 나누어 각 부분의 크기를 비교하기 때문에 '파이그래프'라고도 불러요. 원은 자료 전체를 나타내고, 각 조각은 자료의 비율을 나타내요. 전체 중에서 어느 부분이 크고 작은지 조각을 비교하면 편해요.

- 꺾은선그래프

  자료를 점으로 표시하고 그 점들을 선으로 이어서 나타내요. 자료의 변화나 흐름을 보기 좋아요. 시간이나 온도 등 요인에 따라 자료가 어떻게 변하는지 한눈에 보여 줘요.

같은 자료라도 그래프 종류에 따라 눈에 들어오는 것이 달라져요. 한 반의 '친구들이 좋아하는 간식' 자료를 이용해서 설명해 볼게요.

◆ 친구들이 좋아하는 간식

간식	떡볶이	피자	치킨	아이스크림	과자	샌드위치	합계
사람 수 (명)	5	6	5	4	3	2	25
백분율 (%)	20	24	20	16	12	8	100

◆ 친구들이 좋아하는 간식 [막대그래프]

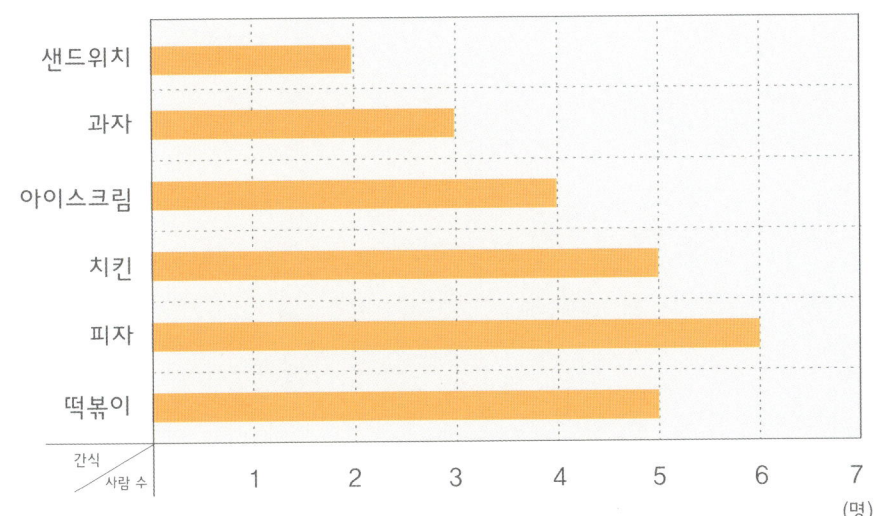

막대 길이로 좋아하는 간식을 비교할 수 있어요. 가장 인기 있는 간식이 뭔지 한눈에 들어와요. 피자의 막대 길이가 가장 길고, 샌드위치 막대 길이가 가장 짧아요.

◆ **친구들이 좋아하는 간식 [원그래프(파이그래프)]**

원그래프 전체를 100%로 보고, 간식 비율을 조각으로 나타내요. 어떤 간식이 얼마나 차지하는지 조각 크기로 알 수 있어 비교하기 편해요. 원그래프를 만들기 위해서는 먼저 백분율(%)을 구해야 해요.

- 떡볶이 : $\frac{5}{25} \times 100 = 20\%$
- 피자 : $\frac{6}{25} \times 100 = 24\%$
- 치킨 : $\frac{5}{25} \times 100 = 20\%$
- 아이스크림 : $\frac{4}{25} \times 100 = 16\%$
- 과자 : $\frac{3}{25} \times 100 = 12\%$
- 샌드위치 : $\frac{2}{25} \times 100 = 8\%$

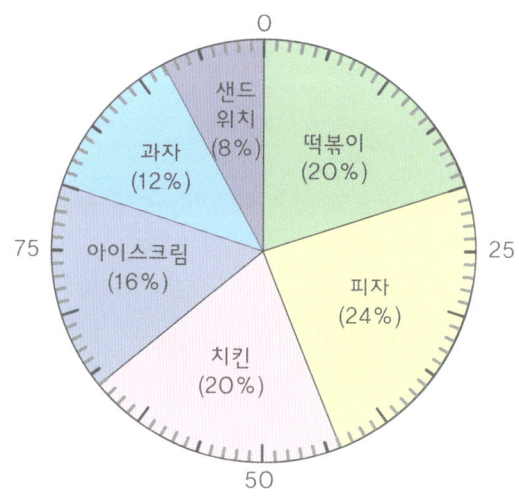

조각을 비교하면, 피자, 떡볶이, 치킨의 크기가 비슷한 걸 알 수 있어요. 또 세 조각의 합친 크기는 원의 절반 이상을 차지해요.

◆ 친구들이 좋아하는 간식 [꺾은선그래프]

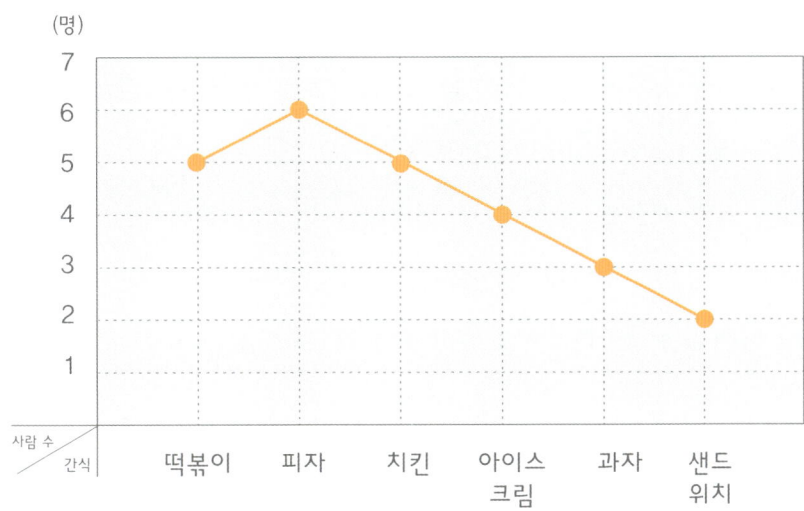

　꺾은선그래프는 자료를 점으로 표시하고 그 점들을 선으로 이어 나타내요. 시간에 따른 기온 변화, 물체의 길이나 무게처럼 값이 순서대로 이어지는 자료를 보여 줄 때 적합해요.

　그런데 위에 그래프는 간식의 종류를 자료로 다루고 있어요. 간식의 종류는 서로 순서가 없는 자료이므로 꺾은선그래프로 표현하기에는 적절하지 않아요. 예를 들어, '피자 → 치킨 → 아이스크림 → 과자 → 샌드위치' 순으로 값이 줄어든다고 해서, 뒤에 나오는 음식일수록 줄어든다고 잘못 해석할 수 있어요.

　따라서 '친구들이 좋아하는 간식'을 나타낼 때는 막대그래프나 원그래프를 사용하는 것이 알맞아요.

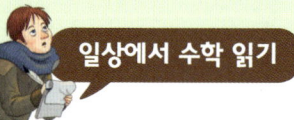

일상에서 수학 읽기

세상을 예측하는 자료, 통계

우리는 생활 속에서 많은 자료를 접해요. 그런데 모은 자료를 그대로 두면 너무 많고 복잡해서 알아보기 어려워요.

통계는 그런 자료를 알기 쉽게 정리하는 방법이에요. 자료를 분석하거나 계산한 뒤, 표나 그래프로 표현해요. 그래프를 보면 자료의 크기나 차이가 한눈에 들어와요. 통계를 이용하면 자료의 전체 모습을 쉽게 파악할 수 있어요.

통계는 우리 생활에 아주 많이 쓰여요. 병원에서는 환자 수를 통계로 정리해 어떤 병에 많이 걸리는지 알아내요. 가게에서는 판매 통계를 통해 어떤 물건이 잘 팔리는지 확인해요. 나라에서는 인구 통계를 통해 몇 명이 살고, 어디에 많이 모여 사는지 알 수 있어요.

이렇게 통계는 어떤 궁금증을 해결하는 데 도움이 돼요. 또 앞으로 일어날 일을 예측하는 일에도 도움을 줘요.

통계는 이탈리아 말로 '정치가'를 뜻하는 말에서 비롯되었다고 해요. 정치와 관련된 자료를 조사하고 연구하는 데 통계가 활용되었음을 알 수 있어요. 최근에는 수학, 자연 현상, 사회 현상, 제품 개발 등 다양한 분야에서 통계가 이용되고 있어요.

💡 통계와 분석으로 신뢰를 쌓은 '갤럽'

최근 자료를 수집하고 연구하는 통계 관련 기관이 많이 늘어났어요. 텔레비전이나 인터넷, 신문에서 '통계청', '○○ 리서치', '☆☆ 갤럽' 등 여러 기관의 이름을 많이 보았을 거예요. 통계를 내는 기관들은 자료를 조사해서 그 결과와 예측을 통해 신뢰를 쌓아 가고 있어요. 그중에서도 미국의 '갤럽'은 유명한 일화가 있어요.

1936년은 미국에서 대통령을 뽑는 해였어요. 당시 『리터러리 다이제스트』는 앞서 네 차례 치러진 미국의 선거 결과를 정확하게 맞힌 미국 잡지였어요. 그런데 1936년 미국의 대통령 선거에서 『리터러리 다이제스트』의 예측 결과가 크게 빗나가고 말았어요.

반면, 조지 갤럽(1901~1984)이 내놓은 예측 결과가 들어맞았어요. 조지 갤럽은 미국의 통계학자이자 심리학자였어요. 1935년, 그는 자신의 통계학적 지식을 토대로 자료를 조사하고 통계를 내는 여론 연구소를 만들었어요. 그리고 조사를 통해 미국의 대통령 선거에서 프랭클린 루스벨트 민주당 후보가 압승할 거라고 예측을 내놓았어요. 갤럽의 예측은 적중했고, 그는 큰 명성을 얻었어요.

'갤럽'은 조지 갤럽의 여론 연구소에서 발전한 여론 조사 회사예요. 이 회사는 조사를 위한 과학적인 방법을 계속 발전시켜 나가고 있다고 해요.

역사에서 수학 읽기

막대그래프와 선그래프를 고안한 윌리엄 플레이페어

1700년대 후반, 스코틀랜드의 엔지니어이자 비밀 정보 요원이었던 윌리엄 플레이페어(1759~1823)가 막대그래프와 선그래프를 고안해 냈어요. 그는 정보를 설명할 때 숫자로 된 표로 나타내기보다 다양한 색의 그림으로 나타내면 좀 더 효과적이라고 주장했어요.

이전에는 자료를 주로 표로만 정리했기 때문에 사람들이 이해하기 어렵고 복잡했어요. 하지만 윌리엄 플레이페어 덕분에 사람들은 복잡한 숫자를 읽지 않고도 그림만 보아도 자료의 의미를 빠르게 이해할 수 있게 되었어요. 그래서 윌리엄 플레이페어는 오늘날 '그래프의 아버지'로 불리고 있답니다.

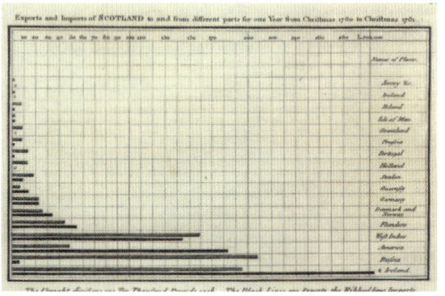

1786년 출간된 『경제와 정치의 지도』에서 플레이페어가 선보인 막대그래프예요. 1781년에 스코틀랜드와 무역한 17개 국가의 수출입을 표시했어요.

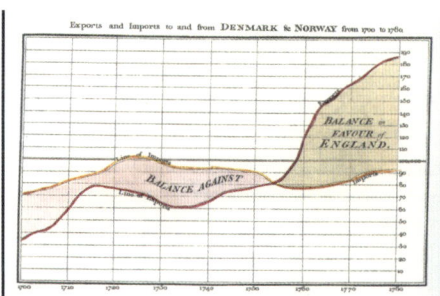

시간의 흐름에 따라 기록한 덴마크, 노르웨이와의 1700~1780 수출입 시계열 그래프예요.